大展好書 好書大展

社會人智囊

27

機智說話術

劉華亭 編著

大展出版社有限公司

前言

「十人十色」一語，乃針對人世間各種不同類型的處世方式而言。有沉默寡言的人，也有好管閒事的人，各種典型的人物都有。有人認為這是與生俱來的性格，但我個人却認為平常拙於開口的人，大都由於自己意志不能流暢地表達出來所造成的。當然，這種缺點致使他們不受歡迎的程度也就日漸加深了。

很多人常反躬自問：「是否我的行為令人討厭？」「是否我因好管閒事，或多話而流於諂媚、輕浮？」這些問題經常困惑著每個人，但也請別忘了，如果終日為此所困，那有終了的一天，更何況人的評價常隨著各個不同的場合而改變，更有依時代的變遷而產生不同的價值觀，所以我認為某些事情適合這地方，並不一定就適合其他地方。如果只因為口頭上的用語不當，而引起不必要的誤會，那可真的太不合算了。

要把自己內心所想的逕自從口中完美地表達出來，這並非容易的事。首先我們必須考慮到社會制約的力量，無形中它對我們的一言一行做了要求，舉個最明顯的例子，孩提時代那種天真無邪的面孔，就代表了可得到許多的寬恕。因為一句忤逆之言從無知的小孩口中說出，社會大衆往往以「童言無忌」的看法而原諒了他們；但如果發言者是一位成年人，那事態就不可等閒視之了。總之，人到了相當的年紀，就得負起講話的責任。在目前複雜的社會裡，如果以「四方型」的方式規規矩矩地相處於人際中，我敢斷言，這種人很快就會遭到淘汰，多樣化的社會制約、價值觀，如果以不變的層面來應付，其結果是可想而知的。

本書為讀者們提供了人與人之間交往與傳達的最佳參考資料，以「會話表現法」使你成為「深具好感的人」或「受歡迎的人」。總之，將自己個性和能力，好好地應用於會話術上，那麼如何適當地表達自己，這對你將不再是件困難的事了。

目錄

第一章　建立密切關係的機智

——成功的說話術

第二章　如何使自己成為受歡迎的人

愈親近的朋友愈要注意

第三章　避免引起低落和反感的工作情緒

——上司和屬下之間的說話術

第四章　肯定自我的機智說話術

——在人前講話不再是痛苦的事

序章　機智者與無機智者的差別

學習更吸引人的說話技術

任何人都殷切地期待自己能成為「很會講話的人」，才不致因說話上的缺陷，造成人際關係的缺失。我相信男人與女人對此都抱著一致的態度，尤其在異性面前，更希望因此而得到好感，那麼會話這一門課可是不能忽略的。

因此，追求講話的技巧成了熱門的話題，當然這項追求的欲望，無非是要將自己帶進「成長的途徑」。所謂「講得更好一點」，也就是將本身現有的講話技巧做適度的改變。

我們經常為收音機裡主持人的美妙聲音而羨慕不已，但我個人認為，說話得體最重要，純熟的發音也是人人都可擁有的，只要每天按一定的方式學習，將一點點的成績累積起來，就能使您更吸引人，「使人有好感的會話」也會漸漸建立起來。

學習的過程或許會使您有不安和懷疑的心態出現，為了使大家能去除這莫須有的情況，我們也為大家提出了具體的例子做說明。

某教授是個有名的作家，而且在學校中非常活躍，他兼具文學才華和頗獲好評的口才，使得這所學校的學生受益良多，且也常被各學校邀請去演講。

但是，其演講却在他校有了迥然不同的反應，而且一度被發表出來，當然我們會熱切地想了解這個答案，爲什麼會這樣？衆說紛紜，直到做進一步的探討，才發現其中原因。

當這位教授在某女校演說時，竟然提到女孩子讀的書，不外乎是一些女性週刋、心理生活雜誌罷了，知識性的東西，幾乎很難在女孩的身上找到。想想，這不等於說：「妳們是一群沒用的東西。」縱使演講的內容再好，但有了這種主張，又如何再吸引學生的興趣呢？或許很多人有類似的主張，但身爲一個作家，而且面對的又是一群女學生，如何能持這種言論？也許在另外的場合，你是被肯定的，但無論如何就不能在這個地方說出這樣的話，如果你是聽衆，想必也會發出不平之鳴吧！

被認爲具有高等智慧的飽學作家，都可能發出不當的言詞，更何況是我們，當然我們不求自己是個口沫橫飛、立於衆人之前而能大談濶論的「能人」，至少我們要顧及講話時，以不傷害別人的心理爲原則。

扣人心弦的說話術

上面所提的那位作家，本來是被認爲口才極佳的人，但是也有不受歡迎而引起反感的時候。

反之，平時被視為沉默寡言的人，在偶然的發表會上，却能頭頭是道，講出很動人的話。因此，說話的能力並非是某些人專有的，一些平時拙於言辭又常被人漠視的人，可能一鳴驚人，令你刮目相看。

某一位馳名國際的版畫家，在自己的版畫中創造了美好的世界。在成名以前，這位版畫家曾經到電視台表演版畫，在場的人幾乎聽不懂他在講些什麼，原來因為他那一口東北鄉音，導致口齒不清。

一般的評價對他都沒多大好感，但我却被他深深吸引住。東北口音對我幾乎不構成障礙，主要是因為他的演講具備了非常好的內容，雖然他沒有很好的口才，可是對於每個問題的重心，都能以另外的語言（或手、或脚、臉上的表情等）表達。因此我們也可知道，豐富的內容也是扣住他人心弦的一個辦法。

有一次，一位角力選手因膝蓋受傷，在不得已的情況下，非事先要求停賽不可。他說：「膝蓋的傷雖然不是很嚴重，還不至於到不能比賽的地步，但為了愼重其事，以免影響觀衆看這場比賽時的氣氛，只好提出停賽的要求。」在這之前，他並不是一個很得人緣的人，却由於他對這件事的解釋，在談吐方面使大家對他的看法改變了，最重要的是他為了顧全大局而請求停賽一詞，深深地感動了大家。

顯而易見，這個角力選手之所以爲人感動，使用的是感情的表現，以身體的障礙而退出角力比賽，在做這項宣佈前，雖然沒有激動的言詞，但却深深打動了聽衆的心。

從這個例子，我們知道吸引人、給人好感的說話技巧，是可以靠學習而獲得的。當然那一定得具備某些條件，這就是我要提出的「機智訓練」。或許很多人會對這個名詞感到疑惑，但您閱讀本書時，只要多用點心思，相信就不會有任何疑問了。

運用機智能增進人際關係

會話是人與人之間傳達心聲的重要方式，也就是說，人際間良好關係的建立，完全決定於會話時是否傳達得妥當？誰都想擁有「好口才」的本事，但往往想歸想，付諸具體行動的却很少，也因此內心的希望常常會落空。

人經常在不知不覺中，因自己的言論引起別人惱怒，或許你也會在不知的錯覺中犯下了這個毛病。例如，與朋友逛街，當友人看中了喜歡的衣裳，正想買下，但你却覺得那件衣服並不適合他，這時你應如何？如果你直接了當地說：「穿這種衣服不好看，算了吧！」雖然這句話是出自你的誠心，但對方會這麼想嗎？搞不好還會因此而鬧翻了。他認爲是好的，却被你一口否定，誰不生氣呢？

如果一個有機智的人，他一定會這麼說：「那件衣服很好看，但這件或許更適合你。」這種緩和的語氣，很自然會將對方的注意力引向他處，使得他在無形中接受了你的建議。我想圓潤的說詞不致惹人惱怒，如果能巧妙地表達自己，使對方虛心地接受，不但是一團和氣，也給對方留下了好印象。

前面迥然不同的效果，只要您稍爲留意，相信不是件困難的事，要讓他人產生好感，這心思的細心運作是不可或缺的。

「稍微留意一下」這句話，到底是留意些什麼？或許有人會爲此感到迷惑，而無從遵循。當然以人與人之間的親密度來說，幾乎無時無刻都得用上這種精神，其中較爲人注意的有五個項目，現在一一地爲您做詳細地介紹。

因場合不同而改變說話的技巧

機智的五個重點，首先要考慮的是對方和自己的立場，尤其是初次見面，無論是公司的上司、同事或親戚、朋友，都得注意會面的場面，以及會談的內容，這些都是心思運作的基本條件。

有機智的人，大家都喜歡

活在這個世間，處在各種不同的場合，扮演各種不同的角色，一個人在同時可以扮演公司的「職員」、家中的「丈夫」、「父親」、「兒子」或「朋友」、「會員」等等，當然身爲不同的角色，與人會談時，就得注意場合、對象、身份，而以適合的會話交談，才不至於在他人面前失掉應有的態度。

例如，一對已決定即將結婚的男女，在公司是同事，雖然已被大夥所公認，但如果經常在公司裡出現親暱的動作，不但讓同事感到難堪，還可能引起衆怒，這點大多數的人容易忽視，如果你（妳）是其中的一份子，我希望日後能儘量避免。

但是一旦下班，踏出公司的大門，場面就改變了，縱使你們二人再如何親密，也不會有人指責，如果此刻還正經八百的你一句、我一語，大概雙方都會引起反感吧！

還有一些婦人常常當著孩子的面前，直截了當地告訴先生：「你眞差勁！」「賺得這麼少！」「太沒用了」這種行爲是不可原諒的。誰都知道，人都有自己的尊嚴，在孩子面前任意批評先生，等於是叫他赤裸裸地丢棄「尊嚴」，如果妳會顧及到先生身爲「父親的權利」，就不會有這種態度出現，但如果是私底下，就另當別論了。

像這樣隨時注意自己的角色和別人的立場，以及場合的改變所應有的會話，就是機智上的「稍爲留意一下」。

相反地，如果不能在各種場合有妥切的應對，往往會因此發生糾紛，也可能被認定爲「混蛋東西」、「討厭的傢伙」。

適當的距離能使人產生好感

除了被認爲是怪人或厭世者外，沒有人不喜歡與相識者相處融洽。如果爲了要快速地與對方交往親密，而用隨便的口吻來縮短雙方的距離，反而會使對方產生不快，那就太寃枉了。但是也有的人，與對方見了好幾次面，仍未改變雙方疏遠的關係，隔閡仍然存在，有如陌生人一般。

這裡我們要提到機智的第二個重點，那就是人與人之間最重要的關係——距離測定法。對初次見面的人，不可輕易地想縮短彼此間的距離，最好是順其自然發展，不要牽強。

但是有些人看起來老是像陌生人一般，那時就得視情況從自己本身著手了。和對方漸漸地縮短距離，有時主動也是必要的方法之一。

雖然在交往上，誰都希望沒有距離，坦誠相處在一起，但是一些不可踰越的界限，仍然要注意。像老師與學生，有時候可以有如「父子」、「母女」、「姐妹」，但是一些輕浮的舉動是被禁止的，不管老師或學生應該都要有這一點認識。

與陌生人初見面時，最好儘量避免過份的緊張、拘束與陌生感，因爲這樣很容易使講話的內容與氣氛受到影響。如果在業務工作上，過份地緊張，可能將事情搞砸，導致對方的不快而使得工作失敗。

雖然談話很順暢，但是要博得他人的好感，一定要在言行中表現適當的禮儀，當然虛僞的裝飾有失誠懇，因此禮儀的表現必須恰到好處。

不過話說回來，與人交往並不是要往自己身上套上一付機器模型，凡事都遵照標準來做。最好是將自己特有的個性表達出來，率性眞摯的感情容易獲得對方的好感，只要不過分，稍微糗糗自己的缺點，可能會使會話的內容多添一份幽默的色彩。無色的蒸餾水或許很乾淨，但卻一點味道也沒有，喜歡喝的人並不多。

除去對上司「不易接觸」的觀念

公司本身是一個教育機構，彼此的尊稱、禮節的約束等等，實在是一個最佳的學習場所，有些東西不是單純的學校及溫暖的家庭所能學習到的。

現在的年輕人，從小就在一帆風順中長大，家庭與學校並沒有給他們太多的社交經驗。一旦踏入眞正的社會大團體，很難接受所謂的「上司與屬下」的關係，剛開始總會不知所措，可是面臨一個以「上下關係」所建立的團體，如果不能適應，很容易被摒棄門外。提到機智的第三個重點，就是針對「上司及屬下」的應對方法所提出的。

「上下關係」指的是公司裏彼此之間的職稱，當然身爲局外人是不易了解的。經常被提到名字的委員會，在開會時，早期被任命爲委員的人，坐的是「上位」，其座席的位置是依序而定，所以在那種會議上，卽使你的職務再高，如果任命的時期比人晚，那就得委屈「敬陪末座」了。發表言論時也是如此，當然尊稱也在此時派上用場；如果你細心觀察，不難發現有許多事項並不是按常理而定，而是靠上下關係的構造來維持。

當然這種尊稱語的對話，並不適合於每個人，如果朋友間也以命令的口吻來對答，那就眞不識相了。與上司講話時的對話技巧，就必須留心尊稱問題，簡單地說，就是要除去對上司的畏懼感。

對一個剛「入世」的年輕人來說，經常抱著不安和失敗的心理，往往把上司當成另一個世界的人，而有所畏懼，如果不努力克服這種觀念，非但不能縮短與上司的距離，日積月累很可能造成不可自拔的地步。像這樣連與上司傳達的工作都難以進行，又如何更進一步地做好自己的工作呢？

要袪除畏懼的觀念，最重要的是主動且積極地與上司交談，而漸漸除掉彼此間的隔閡，當然這不同於「巴結」、「拍馬屁」之類，因爲工作上的斟酌考慮及招呼是不可或缺的擧止，這不但能袪除恐懼感，而且也能使自己的人際關係圓滿，工作順利。

反過來說，身爲上司也不可忘記提醒自己，對屬下應有親和態度，不可自認爲身份地位高人一等，就顯出不可一世的樣子。如果上司的態度言行令屬下反感，可能會導致無謂的煩惱，甚至影響工作情緒。企業管理如果得當，那麼在天時及地利的配合下，業務便會蒸蒸日上，本身也會成爲受歡迎的人。

配合對方的期待，可引起對方的好感

或許有些人會認爲，與朋友、同事、戀人間的對等關係大可不必操心，這就錯了。切記凡事不能做一廂情願的想法，否則可能造成不可收拾的局面，尤其是異性間的交往。

大多數的人都覺得男與女之間的關係，是最不可理喩的，縱使親如夫婦，也有很多不太能了解的事，如果你再忽視彼此間的對等關係，很可能造成雙方不必要的傷害。

例如有對夫婦，常因對方出言不遜而吵架，類似「你這沒用的東西」、「混帳」的話最易傷人，曾經發生過先生因被太太責駡了一句話而殺害太太的新聞悲劇。有人會認爲既然是夫婦，不太可能會爲這些名詞而發生任何不快，但是有些人對這種稱呼過於敏感，認爲那種話是侮辱、輕蔑，因此一時失去理智而闖下大禍。關係越親密的人，越容易彼此傷害，你以爲他不會在意這種話，然而對方却認爲你不該講這種話，於是衝突、不幸就產生了。如果在此之前，彼此能多體會對方，又怎麼會發生悲劇呢！

演講的秘訣

配合對方的期待，可以引起好感。

會話除了一對一的對話外，另一種就是在衆人面前的演說。比較常見的普通演講，像結婚典禮上的致詞，一般人不大願意接受這種邀請，因爲喧鬧的場面不能抓住整體的氣氛，況且大家是看新人，不是看你，因此很容易與聽衆脫離。

從容地與人講話，本來就不是件容易的事，更何況是面對大衆！機智的說話術的第五個重點，就是如何做一次成功的演說，也就是如何吸引聽衆，如何讓聽衆接受你。

單獨面對面談話時，可以觀察對方的反應做適當的調整話題，如果有疑問，也能馬上交換意見溝通，因此比較容易突破疏遠的感覺。然而，當一個人面對大衆時，情形就迥然不同，尤其是宴會的致詞，講的只管講，吃的低頭猛吃，根本談不上彼此的溝通。此時，致詞的人應該看場合與氣氛，適度地換個方式，比如講些有趣的事，或者新郎新娘的鮮事等，吸引大家的注意力，再做進一步深入主題的報告。

為了避免演說時冷清的場面，演說者需要有充分的事前準備，充滿信心地開口，並且在演說當中，隨時留意話題及現場氣氛，以做最適合的調整，否則就會成為獨挑大樑、唱獨角戲了。

機智能使說話流暢

前面我們就「機智」的重點做了詳細的介紹，這裡我仍要強調一點，與人相處是在於個人用心與否，也就是說，只要你用心，人際關係就能處得好。有的人會以為自己智慧有限，不易學成，但是機智並非聰明人的專利，只要誰用心學習，誰就能做得到。

或許你認為這些都是安慰的話，那是大可不必，因為這種心思隨時隨地都派得上用場，只要你有心留意，相信很快就能進入情況而擁有一套屬於自己的說話術，從此再也不用煩惱怎樣在人家面前講話了。

接下來，我們為說話者搜集了一些經驗的說話術，只要你願意自己不斷地進步，那麼請細心地往下看。有的也許是前車之鑑提醒你，有的可能是經驗的暗示，從這裡，相信你會獲益良多。

第一章　建立密切關係的機智

——成功的說話術

1.欲獲對方的好感，自己先給對方好感

一位白手起家的娛樂圈人氏，說明服務工作的秘訣是：「對任何客人，都需要有三點以上的誇獎。」據他個人的見解，認爲一個或二個的誇獎，客人會認爲是生意上必備的巴結話，但是如果說上三點以上好話，不但不會有諂媚的感覺，反而會使對方因爲你的細心而產生好感。一般人都憑主觀來判別誰是好人，誰是壞人，但是任職於服務業的人，必須拋棄這種觀念，而視每個人都是「好客人」，使對方產生好感而自動上門。

由此可知，欲獲得別人的好感，你必須先給對方好感。這並非難事，只要多多留意對方，誇獎他的長處，就會相處愉快了。不過千萬要記住，不能老往別人的缺點上鑽牛角尖，否則先入爲主的觀念，導致你雞蛋裡挑骨頭，當然對方是不舒服的。

2.以最愉快的心情赴初識者的約

與初識者會面時，我會特別留意自己的狀況，是否心情愉快、身體健康……如果碰到身體不

舒服就加以拒絕。記得有位政府人員來找我商量事情，碰巧那天我頭痛得很厲害，因此竟然很不禮貌地回答他的話。過些時候，當他再度找我時，提起那天的情形，使我十分羞愧。幸好能再次遇到他，否則心中永遠留著一個疙瘩呢！

身體情況不佳時，經常精神脆弱，也比較容易疲倦，因此在不經意之下，會留給對方錯誤和不良的印象。爲了不要讓他人誤會自己的形象，與人約會，一定得注意身體狀況和心情狀態。

3. 明朗的聲音是使人留下好感的條件之一

在食品店裡常常會聽到「請進！」「謝謝您！」等語，雖然每位工作人員都依規定說了招呼語，但你會發現，這些機械般的聲音，眞是冷淡無奇。有些店裡的生意非常好，有些則冷冷清清，問題癥結之一是，店員們招呼客人時所發出的聲調。聲調明朗，態度便會輕鬆自然，客人的情緒也感染這種氣氛，於是生意特別好；反之，聲音暗晦深沉，態度也就會冷漠，顧客的反應也就不熱衷了。

從上面的比較，很清楚地可以明白，明朗的聲音也是促進人際關係的一大因素。但是大多數的人却沒有注意到這一點，而在不需要的地方猛下功夫，這豈不是白費力氣。

4.先跟對方打招呼

大多數的年輕人，把打招呼當做一件難事，「你早」、「您好」，總覺得這些簡單的招呼是多餘的，尤其大部分知識份子，更是不在意這檔事。有時教授及學生碰面，還眞不曉得是誰該先打招呼，而弄得十分尷尬。

一些衞道者認爲學生應該先打招呼，當然這是被支持的。我們的傳統是長幼有序，師道是應該被維持。不過在任何場合，如果你看到對方，在他之前向他打招呼，會使你非常受歡迎。

彼此碰面或匆匆擦肩而過，感覺旁邊是個熟人，不妨回過頭來向他打招呼，人際關係也就由此建立了。如果你常常爲先打招呼與否而傷腦筋，不但錯失了交友的機會，也可能被視爲一位驕傲者；打招呼只是舉手之勞的事而已，您又何必想得太多呢？

5.寒暄時加上自己的感想，可使彼此更親近

在公共汽車上碰到熟人，有時眞難以處理，也就是說不知道該談什麼話題。因爲彼此都有隨

時下車的可能，加上在車上不好意思高談濶論，於是通常大家都會寒喧一句：「你好，今天天氣眞熱！」「今天可眞是個好天氣哪！」，像這種拿天氣當打招呼的方法很普遍。

拿天氣當話題，是比較沒有危險性的，因爲偶然碰面，對眼前這個人的近況並不很淸楚，如果觸及對方的敏感問題反而糟糕。但是這種拿天氣當話題的方式，使彼此的關係儘量止於禮貌寒暄的程度，並不能拉近彼此的關係。當你說：「今天眞熱」時，對方可能會說：「是啊！」然後便沉默了下來，雙雙覺得尷尬。此時，你不妨加上一句自己的感想，比如說：「是啊！我眞想跳到淡水河裡！」對方會因爲你自然的態度與幽默的談吐，與你再談下去。

中國人打招呼是很妙的，普通人會問：「吃飽沒？」這原因是以前生活窮困，每天吃得飽是最重要的。就像拿季節當話題是開場白的一種方式，然而並不是話題的中心，因此加上一句貼切的感想，才是最重要的。

6. 打招呼時，最好停下手中的工作

我曾經拜訪一家公司，當我出了電梯時，看到坐在門口的秘書小姐非常忙碌地在打電子計算機，她見到我，馬上抬頭對我說：「請您稍等。」然後繼續在鍵盤上按了二三下，便站了起來說

：「對不起，讓你久等了，我去請經理。」

當時，我雖然被迫等了幾秒鐘，但對這位細心的秘書小姐留下非常好的印象。她看到我之後，很快地停下工作並且禮貌地招呼我，使我覺得被尊重。我們經常可以看到一些人，一面工作一面打電話，或者潦草地做著工作，匆匆地與你招呼等等，當然，這些人可能有他們的立場，但是類似這種打招呼實在不妥，說不定工作旣沒做好，又得罪了客人，那就太划不來了。

家庭中也可以留心這種小事。當先生與小孩要出門上班上學時，妻子不妨停下廚房的工作，到門口揮揮手，或在先生與孩子的臉頰親一下，這樣家庭生活會更圓滿。

7.卽使點頭之交，打招呼時也要留心

我的年輕學生們曾經告訴我，他們經常碰到一些不喜歡打招呼，可是又不得不打招呼的人。許多人遇到這種時候，會問一句：「你到那兒？」而回話的人也回一句：「我到××。」便各人走各人的路去了。這句話似乎是無意識活動，也沒有人會把它當眞。

現代的年輕人與以往的人想法不同，他們想「我到那兒不關你的事」，對方也覺得並不需要知道你去那兒，只不過因爲對方是同事、同學，或者見過一次面的人，總不能擦身而過却裝作沒

看到吧！於是禮貌性地點個頭，說句話罷了。如果你回答他：「哦！你早，我正要到台大去教心理學！」反而會讓他嚇一跳哩！

的確，像這種「你到那兒？」「我到那兒」的會話，是沒有任何深意的，但是爲了同事、鄰居或點頭之交的朋友，以前的人發明這種打招呼方式，以維持人際關係，表示彼此的關心。因此不需要像挖掘新聞般，對他問得太多，只要能傳達出來人情溫暖的關懷卽可。

8.讓被邀請的人有受歡迎的感覺

我有一位朋友，應邀到某大公司演講，在簽到處他示出名片，但是接待小姐問他：「您有何貴事？」他一聽之下回頭就走。照理講，應該不會發生這種事才對，因爲我這朋友非常有個性，而且這家公司是好不容易才請到他來演講，公司上下應該都知道這件事，更何況是接待小姐。

我的知名度當然沒有這位朋友高，因此對時常被問：「請問您是那個單位？」這一類話，我不很在乎，因爲我想門口的接待小姐可能被交待不要隨便讓不相關的人進場，因此才這樣詢問。不過，像這種時候，那位小姐是有所疏忽了，事先應該對卽將到來的邀請人有所認識，卽使沒見過他，也應該了解他的特徵，然後在他來時，用熱忱的態度說：「我們歡迎您來……」，或者「

「我請經理來接您去禮堂……」等等，使他覺得受歡迎。

對家裡的訪客，也應該注意這一點。「我等你好久了，歡迎你！」這樣的一句話，不但可以解除對方的不安，更可以促進交談的順利。

9.在鈴聲響三次之前接聽電話

許多企業公司告訴職員：「電話鈴聲響三次以前要去接，如果因爲工作關係，超過三聲以後要向對方說：『對不起，讓您久等了！』」這是一種禮貌，也是一種企業管理的方式。即使家庭也一樣，如果你打電話到朋友家裡，過了好久對方都沒來接，有急事的話，你會緊張焦慮；有期待的話，你會失望，對方是否不在家呢？等你掛下電話後，會有強烈的失落感。

公司總機小姐的接線語氣態度，可以影響整個公司的形象，也許由於太慢接，對方掛斷電話之後，公司就損失了一筆大生意。或者家庭中，朋友以爲你不在家而掛上電話時，你已經錯過了一個見面機會。不要太慢去接電話吧！否則也要說聲：「對不起！」

10. 沒有自信時，該如何消除緊張

許多人因爲自己口才不好而煩惱，在今天這種自我推銷的社會，有時候可能因爲不善言辭而在工作或人際關係上有所吃虧。但是說話可以靠後天的自我訓練而達到可以流暢表達的地步。有時我與不大會說話的朋友談話時，建議他們不妨在事先說一句：「我不大會說話，請您多多包涵。」來解除緊張的困境。

不大會說話的人，缺乏自信，雖然提醒自己要穩定，却反而越緊張，如此話就更講不順。因此在事先乾脆告訴對方自己不大會說話，就可把心中的大石頭放下，自己反而更輕鬆。而對方事先了解你的情形，也就會細心地聽你講話，了解你的意思，不會產生說者含糊不清，聽者不知所云的情形。

不過，演講會上，演說者若說：「因爲我不大會講話……」，或者「對於我今天準備的題材，不知是否能講得清楚……」就不一樣了。聽衆期待的是一個充實又有獨特見解的演講，這種缺乏自信的謙虛是多餘的。

打招呼時

不要一面工作一面打招呼。

路上碰到熟人，要打聲招呼。

機智的要點

用明朗的聲音打招呼。

先主動向對方打招呼。

11. 找出使彼此親近的共同點

除了天生就容易與陌生人相處的人之外，一般人與初次見面的人談話，總是有些不安與慌亂。如果你們突然發現彼此是同鄉或者畢業於同一所大學，有這些共同點之後，心情就比較容易放鬆，關係也比剛才親近多了。共同點很容易找，舉凡興趣、明星、電影或者認識的人等等，只要你用心去找一定有。

我每天早上去學校，都坐同一班火車，因此對車上的老面孔很熟，雖然大家並沒有打招呼，然而如果今天一上車，看不到固定坐前面車窗的老太太，心裡倒覺得怪怪的。一天一個車上的熟面孔愁眉苦臉地坐在我旁邊，因為我很胖，他可能坐得有點不舒服。這個時候我的大學助教上車來，看到我們之後，對我鄰座那個人說：「王先生你也坐這班車啊！來，我給你介紹，這是××教授，你弟弟好像上過他的課……」

我們的共同點只是「他的弟弟可能上過我的課」而已，結果一路上，從他的弟弟開始，我們暢談到下車。

12. 引出使對方容易開口的話題

不大願意講話的人，與他交談時，好像只有你一個人賣命地演出，而他是個不相關的觀衆一樣，有時難免會生氣。但是我們換個角度想，也許他沒有惡意，只不過不喜歡講太多的話，或者國語不大標準、鄉音太濃等等因素罷了。

在學校，有學生來找我商量事情，碰到一些不愛講話的同學時，我眞替他緊張，因爲話題不容易進入重心，他到底想和我商量什麼呢？這時候，我會不經意地問他：「你今天中餐吃些什麼？」簡單地引導他，他可能會回答：「我吃了咖哩飯。」於是話題漸漸開始，他告訴我那一家的咖哩飯好吃等等，態度漸漸輕鬆，我們也慢慢談到主題。

有時候輕微地引導是有效的，有些人可能只需要稍稍地引出話題，就會轉變態度。我偶而對學生說：「幫老師把桌上的書拿來好嗎？」他因爲移動身體，也會稍微消除緊張，而我輕輕地向他說聲：「謝謝」之後，他便和我親近許多了。

13. 如何使不愛說話者加入談話圈

宴會上，有一些人總是孤獨地站著，眼看別人愉快地交談，無法融入這些群體中。這些羞澀的人，參加宴會已經鼓起很大的勇氣，因此如果在宴會上覺得孤單、恐懼，連這點勇氣也會被擊潰。不過陌生人的邀請與談話，又會讓他更緊張，這該怎麼辦才好呢？

不要一下子就請他加入你們，試著把他變成話題的中心，例如：「聽說你對鋼琴很有研究……」或者「聽說你很會做菜，改天教教我們吧！」提升他的優越感，減輕他的心理負擔，漸漸地，在不知不覺中，他就會融入這種愉快的氣氛中。

有一種人喜歡享受沉默，儘管他在大夥兒旁邊，也不爲你們高昂的興致所動。這個時候，把他當做談話的主題，首先吸引他的注意力，接下來他很快地便與大夥兒融在一起了。不過要注意的是，不要把他當做笑話的主題，否則情形就不妙了。

14. 對談話內容做適當的反應

前些日子我曾到山上的寺廟那裡與住持談了一席話，住持頗感慨地說：「近幾年來，上山坐禪的男女信徒很多，有許多是因爲失戀而到山上來坐禪，這雖然和從前的有點不一樣，但是我想戀愛成功與否的煩惱，跟打仗生死的場面是不分上下的吧！」

一件事情，兩個人的看法可能完全不一樣，因此感受也不同。對方失戀了，懷著悲痛的心情告訴你，你不但沒有安慰他，反而像聽故事一樣想知道結局，這當然是不對的。應該了解說話者當時的心情。在他認眞嚴肅的分析事情時，你嘻嘻哈哈地好像無關緊要，或者對方講一個笑話，你却一點幽默感也沒有，一派正經地像聽佈道大會，這些態度都是不適宜的。

即使對方講的事，不過芝蔴綠豆般大小，但若他非常認眞地告訴你：「這對我是非常重要的，甚至與生命同等而論。」你也應該用非常認眞的態度來聽，讓他覺得告訴你是正確的。

15.不會講話，要會聽話

有一句話說：「好的聽衆，將來是優秀的演說者。」有一些人際關係不好的人，是因爲自己不愛說話，也不願意細心聽別人說話而造成。

現在問題學生充斥學校，校方根據學生的自白做分析，有一部分原因是因爲教師的關係。有些教師不願意耐心地聽學生的辯解或申訴，不願意接受學生的意見，只是一味地用嚴厲的教導方式，導致學生不愛上課或者是認爲老師不了解他們，於是他們就愛在課堂上搗蛋。

談到這裡，有的人可要替老師叫屈了。不過從這個事實我們可以發現一點，那就是要當一個好聽衆實在不簡單，要反應適當，又要了解別人心境眞是困難。不過要會講之前，總應該先會聽吧！有一句格言說：「不會講話，要會聽話。」卽使他的話不値得聽，也要忍耐。

16. 要牢記對方的名字

在我任教的學校附近有一家餐廳，生意非常好，經常是賓客滿座。經我觀察，原來這家餐廳的女老闆非常能幹，並且對記憶人名有天才般的能力，只要是去過一次的客人，第二次以後她便能叫得出名字，在客人進門時親切地打招呼，我想怪不得她的店會生意興隆。

當然，像這位女老闆的能力是上天賜予，並不是每個人都能夠做到。不過與初見面的人談話時，在會話中親切地喊他的名字，不但可以增加愉快親暱的氣氛，更有助於感情的聯絡。最近異軍突起的兄弟大飯店，在短短幾年內便獲得了觀光局「國家觀光旅館」的最高榮譽：五朶梅花。原因之一是兄弟飯店的董事長在職員新進入公司時，必定與他見面，認識他的人與名字，並且親切地叫著他的名字並鼓勵他。

在人性的弱點中，我們可以發現，第二次碰面時，如果對方叫出你的名字，心中會覺得特別高興。因爲名字是最簡單的記憶方法，當對方呼喚你的名字時，你是否也覺得更親近呢？

17.不要把對方的職位當做名字稱呼

我的老鄰居是個高爾夫球好手，每個禮拜都到淡水高爾夫球場打球。有一次我好玩地跟著他去，發現球場的人對他非常客氣，尤其是球僮，對他更是「王先生！歡迎！歡迎！」親切地叫著，連我也倍受禮遇。

後來我才知道，我這位老鄰居是多麼懂得與人親近，他那紳士般的禮儀，在喊球僮時總是：「××先生，麻煩你了。」不像其他人「喂！球僮。」的叫著，因此人緣特別好。我們常在進辦公室時，聽到有些人見著人喊著：「陳經理，早啊！」當然這沒有什麼不好，不過要是來了一位工友，你也高喊：「嘿！老張！」那這位張先生會做何感想呢？

我想有時候我們必須打破這個習慣，不要把職稱大聲地嚷著，避免傷害他人。親切地喚著對方的名字或××先生之類，可能比較好。

18.自我介紹時，告訴對方自己的名字如何寫

我們經常會碰到自我介紹的場合，而每次自我介紹就覺得緊張，不知如何開口的人很多。有些人簡單地說：「我叫王小美，請多指教。」便結束了。結果直到團體解散，如果沒有其他原因，沒有人叫得出他的名字。

不過有些人是故做神秘，好像這樣可以引起他人「探險」的興趣，以便有出鋒頭的機會。當然這是不需要的，不過也不用在頭一次見面的場合，就自我介紹一大堆，長篇大論、自吹自擂，唯恐天下不知。最恰如其分地自我介紹之後，不妨告訴所有的人，自己的名字怎麼寫，比如：「王小美，王是三橫一豎大王的王，小是大小的小，美則是美好的美，是個很平凡的名字，請多指教。」

某出版社有一本書叫「英文會話小秘方」，其中有一段介紹我覺得不錯。「與外國人交談時，如果苦於無話題，不妨把自己的名字當做話題，把名字翻譯成英文，並且像故事一般講給對方聽，比如名字的追溯，名字在英文裡有些什麼特殊意義等等，對方一定感興趣……」，這樣不但沒有冷淡的場面，對方也很快地記住你的名字呢！

19.介紹朋友認識時要消除他們的陌生感

我的小女兒氣嘟嘟地從餐會中回來，小嘴兒嘟得老高地對我說：「爸爸，那個小李眞不夠意思，我們到了餐會上，他介紹我認識他的一位朋友之後，一個人不知道溜到那兒去獨自享受，把我一個人甩在那兒，天啊！那個人，我只知道他叫小張……」

怪不得我的小女兒要生氣了，小李這種介紹法有欠妥當，如果他們二個人都很大方，很容易相處，可能比較沒關係，但是類似這種情形，最好把雙方多加介紹一點。比如：「小美，小張也很愛看電影，你們聊聊吧！」有一個共同點，場面就不會冷淡；否則只知道對方叫小張，擧目四望又全是不認識的人，於是愈來愈緊張，也就愈講不出話了。

介紹朋友認識，有時就像媒人，必須拉線拉得恰到好處。介紹不夠，害得這二個被介紹的人不知所措，介紹得太多時，又把人家的話題說出了一大半。因此讓彼此鬆弛緊張情緒，才是最重要的。

20. 會話中少用主觀性的「我」

我曾經參加一個相當有名的聚會，與會者都是名流紳士和名作家。偶然間大夥兒的話題轉到越戰上面，忽然有一位年紀很大、被公認是優秀作家的老先生開口說：「我當初在越戰上……」使得大家嚇一跳。本來古語說：「文人相輕。」作家又有比較強烈的表現慾望，因此像這種「我是……」之類的話，經常引起辯論。

這是一個「自主」的時代，每一個人喜歡評論某些事，像政府的措施、電影的水準等等。經常聽到一些人在電話中說：「我的看法是這部電影太沉悶了……」，「我覺得事實上……」。尤其是年輕人，高喊著「自我主張」、「自我決斷」，常常因此而否定了一些客觀、值得參考的看法。「我」代表了自主，但是也意味著不能容納其他事物，直截了當地爲自己搖旗吶喊，就好像否定了他人一般，有時會讓對方覺得反感。

每個人都有出人頭地的希望，但是在會話上，應該儘量避免使用主觀性強烈的「我」，如果一定得使用，不妨加一句客觀的說詞：「我認爲如此，你覺得呢？」

21.彼此不熟悉時不要問敏感的問題

女孩子初次到男朋友家中時，會有一種困擾，男孩子的母親總像挑媳婦一般身家調查：「妳今年幾歲？」「做什麼工作？」「家中有些什麼人？」等等，雖然我們了解她並無惡意，但是如果不小心碰觸女孩子敏感的問題，可能就會傷害到對方。

社會上也有一些人如此，初次見面，什麼話題不談，就專挑別人的家世背景問。比如：「你有幾個小孩呢？」也許問的人覺得她應該結婚了吧！但是這位小姐卻仍待字閨中，這不是太尷尬了嗎？或者對方結婚了，却因爲某種原因，到現在還沒有小孩，你這一問，更是觸動了她的傷感。

初次見面，對彼此沒有進一步的了解之前，不要隨便問一些敏感的話題，最好找淺顯容易交談的話題。尤其是生意往來，可能由於問錯一句話，不但生意沒談成，連帶破壞公司的形象。

22.學歷、政治與宗教是敏感話題

初見面談話時

談話中儘量稱呼對方的名字。

不但要講自己的名字，也要告訴他怎麼寫。

機智的要點

不要詢問敏感的問題。

找出共同點使彼此親近。

某一位政府高級官員對我說，他們官員彼此見面時，從不問對方是那所大學畢業，而問是那一年畢業的。因爲他認爲像他們這樣的高級官員，差不多都是國立大學出身，因此不必問：「你是那所大學畢業的？」

國立大學出身，是否就是最優秀的，我們姑且不談，但是在雙方都認識不深時，最好不要問他的學歷問題。因爲目前的社會，有些人會因爲學歷淺而感到自卑，雖然他的能力很強，也與你同樣出席名人聚會，但是也許他只有國中或高中畢業，而你卻問他那所大學畢業，一瞬間可能傷害到對方。

宗教、政治與學歷，一樣同是比較敏感的問題。當你大力抨擊某個黨時，說不定對方正是那個黨的黨員；或者你在天主教教徒面前，讚許離婚的好處等等，都是不智之舉。

23.初次會面要多了解對方

曾有一位精明的保險業者說過：「如果我認爲此人有參加保險的希望，在第一次見面前，我會徹底調查有關他的事情。包括他的家庭、親友、嗜好等資料，對他周圍的事物有了底案，才進一步地要求和他見面，如此才能順利地進行。」

如果出席的是作家座談會，最好能了解他作品的內容和經歷，這種基本上的認識，能使座談會進行得更加熱烈。反之，對答之間，不知所以然，那裡談得上是「座談」呢？當然，有些話題若犯了別人的忌諱，而你在會話中不小心提起，這可是不恰當的，對方可能不愉快且在心裡對你的不禮貌產生了成見。

與初見面的人談話，事前的準備是決定會話成功與否的重要因素。當然這也是機智的說話術所必備的條件。

24. 開朗的聲音是造成愉快氣氛的要件

當我們走入百貨店，工作人員招呼客人的聲音，如果是低沉的聲調，常常會因此使客人產生不好的印象，但也並不是要你刻意地提高嗓門說話，只需在音量上令人有輕快感即可。目前一般職前訓練，老闆都會教導準職員使用明朗的語調，親切地招呼客人，否則在對話時就給客人不好的印象，如何讓人產生購買慾呢？

明朗的語調若只靠技巧還不夠，重要的是氣氛的表達。「聲音」這東西，不是簡單就可以改變，但是「明朗的氣氛」却時時可以做到。如果你以「明朗的氣氛」與人談話，對方自然會融入這氣氛中。相反地，一種不愉快的氣氛讓人坐立難安，你也很可能因此而遭到排斥。

25.欲與對方相處融洽，必須免去客套話

對話的藝術讓人很不可思議，因爲說話的態度和內容會改變一個人的心境。例如用過於禮貌的口氣與人交談，心中自然會產生拘束感，造成這種心境之後就很難隨和相處了。反之，像「喂！你這位……」這種看似輕浮的話，反而能拉近彼此的距離。所以說，想與對方親密相處，容易使人疲憊的客套用語應儘量避免。

很多人的相識就在「喂！」「什麼事？」這種輕易的對話中帶來了友誼。簡單型的對話有時會讓人感到輕浮，但却很容易消除彼此間的陌生，尤其是戀愛中的男女，無拘無束地談話，反而會得到意外的效果。

但是這種做法必須依情況來實行，如果對待上司也是以手搭肩地說：「喂！」、「有事嗎？」這種很惡劣的舉動就太過份了。當然，如果上司先脫去這層階級外套，身爲下屬的我們才能以相對的態度來應答。

26.對話時，關於問題的內容要說明清楚

經常在演講的場合中，會聽到聽衆提出一些問題，但根據訪問發現，許多聽衆竟不知自己問些什麼，只是跟著興奮的人群起哄，似乎並沒有特別用心。

如果演講者也隨便地提出一些問題，使聽衆搞不清問題的重心何在，那麼場面尷尬的情況就注定要發生了。會話中，對於質問的內容清楚與否，是非常重要的。當然，被質問的一方也要留意對方提出問題的目的何在，如果能明白，也就能針對問題而給予滿意的答覆。

例如，有人問：「有沒有××書？」當你了解購買者所要的那種書後，即使找不到，也可以向他介紹同類的書，這樣不但能幫助購書者買到想要的書，而且在無形中還做了筆生意呢！甚至很可能奠定了友誼的橋樑。

27.邊聽邊詢問，容易建立感情

男性間的會話，常被比喻爲棒球的投球，球如果快速投出，捕手漏接，很可能造成他人的受

傷，所以雙方必須有很好的默契，才能萬無一失。女性的會話，有時也被形容為打乒乓球，球來時反打回去，因為球較小較輕，即使沒接住，也不至於有人受傷。從這二個比喻讓我們知道男性與女性會話的大概內容。

由此可知，良好的溝通方式，是任何場所必需具備的，這就像一方提出問題，而另一方回答問題的雙邊工作，一旦彼此有了良好默契，就不會有失球或受傷的情況發生。

28. 話題中斷時，可簡扼地重覆說過的話

對話突然中斷，容易感覺尷尬與不安，這時大家都想辦法極力避免這種難堪的場面，但是有時候想突破，卻苦無良法，找不到繼續的話題。如果能找出其他話題最好，否則無聲的場面有時令人難以消受，尤其是商業界的對話或與異性的約會，為了避免造成這種狀態，該如何解開這個難熬的時間呢？

碰到這種時候，不妨重新整理前面所講過的話，而以「剛才你說……」來打開話題，也就是簡單扼要地整理前述的對話，重覆一下，便能有所改進了。這樣不但能打破氣氛，還可能發現剛才對話的遺漏或差錯，做適當地補救。

29.除非對方是專家，否則不要用專門術語

所謂「會話」，就是要互相理會的東西，當然以對方能了解的為主，所以除了必須用的詞句之外，最好能在談話中避免專門用語。不管你個人是否才高八斗，用專門術語或專有名詞性的東西和平常人交談，這是很不禮貌的。

在會話的進行中，語言不通又如何繼續深談呢？如果演講者口沫橫飛地講述電腦軟體的設計如何如何，而台下是一群小學生，恐怕就很難溝通了。就像你用英文和一個不懂英文的人講話一樣，對方無法理解你的意思。不過你談話的對象如果也是這方面的專家，或對這方面有所涉獵者，那麼你們就可暢談無阻。

關於專門性的用語，如果改變方式來講，或許就會使對方明白，例如：「這就是××意思」，隨時加以解釋才能使對方明白。但專門術語或商業用語，如果是一般人慣用或大家耳熟能詳的，就又另當別論了。

30.不要隨便打斷對方的談話

常言道：「聽人講話，務必有始有終。」但是能做到這一點的人却不多。許多人往往因爲疑惑對方所講的內容，便脫口而出：「這話不太對吧！」或因不滿意對方的意見而提出自己的見解，甚至當對方有些停頓時，搶著說：「你要說的是不是這樣……」沒有顧慮對方的立場。而且由於你的插斷，可能阻礙他的思路，要講些什麼反而忘了。

中間打斷對方的話題是沒禮貌的行爲，有時會產生不必要的困擾或者誤會，說不定對方會想：「那麼你來講好了。」

一個精明能幹的業務員，即使客戶長篇大論地講個不停，也絕不會插嘴。這說明打斷他人的言談，不但是不禮貌的事，而且也不易談成事情。

31.得意之事，在對方未談到前，切勿談及

常常可以聽到自吹自擂的言論，它令人產生：「有什麼了不起。」的感覺。但一般人却在不

知不覺中犯下這個錯誤。當你了解對方的心理後，這種事如果能避免，就儘量不要讓它發生。

話雖這麼說，但却不易做得到，誰都有表現的慾望。儘管知道這樣的後果，但仍在不知不覺中犯下這個毛病。雖然不能絕對避免，但至少得留意自己講得是否太過份。

那麼如何做呢？最好在對方沒誇耀自己之前，不要先提起，否則就是自己滔滔不絕唱獨角戲的場面了。如果雙方皆不以此爲忌，大談彼此得意之事，那麼你也就可以跟著老王賣瓜一番！

32.回答「是」或「不是」時，最好加上說明

「這班車是不是到士林的？」

「不是。」

生存在這個競爭激烈的環境，經常碰到問也白問的事。公車司機開得飛快，車掌小姐更像趕鴨子上屠宰場般，用粗啞快速的聲音說：「不是」然後車子揚塵而去，你仍然站在路旁，不知往士林的車在哪兒？

談話是要依情況而定的，一個細心的人，在回答對方「是」或「不是」以後，都會加上簡單的說明；比較體貼的人，更是殷勤說明，眞讓人感動。只回一句「是」或「不是」似乎太草率了

聽人講話時

不要雙手抱胸或翹脚。

對方講到極重要的事時，不要嘻笑。

機智的要點

卽使無聊的內容，也要假裝注意聽。

身體微傾地靠近他。

，也顯得不耐煩一樣，如果能稍加說明解釋，不但助人，自己也能獲得許多快樂。

許多會話的場合，如果只用「是不是」來詢問，便容易使話題在「是」與「不是」之後就結束了。尤其訪問時，如果對方是不愛多說話的人，往往由於主持人不會問話而使場面冷清，訪問者應該引出話題使對方回答你想訪問到的內容。換個方式說：「您認為怎麼樣？」「您的看法如何……」，這樣便能突破僵局。

33. 知之為知之，不知為不知，是知也

某一家公司，有位新進員工，邊喝著咖啡邊問道：「這是什麼牌子的呀？」周圍的人都非常驚訝，因為他是某著名大學的畢業生，竟不知是何咖啡。或許會有人認為他是個鄉巴佬，但發出這問題的員工却絲毫不在意。後來，他因為率直的談吐、熱忱的態度，在公司裡人緣特別好，當然上司也欣賞他的為人，不久便擢升為主管了。

任何人都不願意被輕視，也因此往往隱瞞了不知的事情。但是大家却忽略了不知的事情假裝知道所帶來的後果。因為凡事都有揭發的一天，萬一露出馬脚，那眞不知如何在群衆間立足才好。如此，倒不如以率直的口吻承認自己的不知，反而能獲得許多小知識，也不會時刻擔心別人問

起自己假裝知道的事而寢食難安了。

記得有次報社要求我爲某文章做評論，而那篇文章實際上我還沒看完，但是我却在電話中用了三十分鐘的時間評論了一番，坐在一旁的女兒對我說：「爸爸，不了解的事最好少講。」眞是一語驚醒夢中人，給了我輕輕的當頭棒喝，從此我再也不敢隨便發表自己未深入研究的問題。孔子不是訓誡過弟子：「知之爲知之，不知爲不知，是知也」嗎？

34. 注視對方的眼睛

和人講話時，眼睛東看西看、左顧右盼的人很多。說話時，視綫不定，或看其他地方，容易使對方產生不好的印象，或者使對方不安。

不知道是不是我們接納別人的肚量較小，當兩個人眼睛對視時，彼此總會感到不安，好像自己身上那個地方不大對勁般。但是，與他人講話時，注視對方的眼睛是必需的。因爲這樣，一方面可以使對方覺得你正專心、用心地聽他講話，另一方面他也願意與你繼續深談。因此，用眼睛的注視可以表示彼此的誠意。

當然，用眼睛注視對方，並非是挑釁地瞪著對方，也不是兩個眼睛緊盯著人家不放，更不是用含情脈脈的眼神。尤其要注意的是，每個人大半不喜歡被人盯著看，我的意思是，你不妨看對方眼睛周圍一帶，像看他的眉毛、眼角等等。

35. 關心的小動作

近來使用電話錄音機的家庭愈來愈多，大家在利用它的便利之餘，有沒有想到它的缺點呢？有些人打電話時，那端如果是電話錄音機回答的話，馬上就掛上話筒。有許多人告訴我，他們對於跟一部機器講話沒興趣。但是換個角度想想，是否這種情形也正表示其與人講話時沒有耐性和技巧呢？

自己在聽別人講話時，不妨考慮對方的立場。因爲對方一定是想聽你有何反應？想著怎樣讓你聽他說話等等，並且可能也會利用一些技巧。其實，我們自己在對別人講話時，也常常有這種微妙的心理。因此當面對面時，卽使小小的一個動作，也會提高說話者的興趣。比方說，對方講話時，你上半身微微向前傾，縮短彼此的距離，時而點頭、時而贊同地回答一句，如此小小的舉動，會使對方感到你關心他的話，更熱情地說得起勁了。

卽使歪著頭思考，或不經意地小動作，說者都會感受到你的熱心，你不問他，他也會把整個心事或事實眞相全部告訴你，讓你似乎也非聽不可了。

36. 交談時不要雙臂抱胸、翹脚、抖脚

若學習茶道，你會了解許多你不知道的禮貌。許多人不相信小動作會影響禮貌態度。尤其是年輕的男生女生，他們和長輩講話時，常常是雙臂交叉抱在胸前，或者大剌剌地翹起二郎腿。這些年輕朋友可能並無惡意，但是這種態度動作實在是不雅觀，長輩當然也會不快的。

換個角度想想，倘若第一次和你見面的人，雙臂交叉，脚翹得好高，你做何感想呢？

不但不能雙臂交抱於胸前、翹脚，也不能抖脚。也許你有這種習慣，但是這種舉動會讓對方覺得你精神不集中，不願意聽他說話。當然，這時候對方也不會熱情地與你交談了，結果話不投機，彼此敷衍，不歡而散。有句俗話就警戒說：「女抖（抖脚）忙，男抖窮。」假如你是面試，那結果不是慘兮兮嗎？

37. 中途必須離開時要說明理由

我的一位朋友，有一次到政府機關去見某官員，雖然我這位朋友手上有預約見面的來賓證，但是那位官員却只匆匆地說一句：「對不起，現在我很忙。」我朋友連講話的機會也沒有就回家了，事後他非常氣憤。其實，這位官員也實在太沒禮貌了。卽使再忙，也不能只交待一句：「我很忙。」當做拒絕的理由啊！

不論任何人，當他的申訴或約會被拒絕時，必會覺得自尊心受損。不過，一旦讓他知道你的理由，他也會欣然接受，等下次再來。

時常有學生找我商量事情，或研討功課，如果中途我不得不離開，此時，我一定不會只留下一句「我有事」或「我很忙」就撇下學生不管。我一定是把理由稍微具體地向學生說明，告訴他「老師現在非去參加×點的會議不可……」，或是「我×點前必須趕到××地方，我們找個其他時間再談……」。也許有些人認爲大可不必如此，但是我想，使對方產生不愉快的心情，倒不如事情講清楚要來得好。

38. 分手時不要講令對方討厭的話題

幾乎每個人都希望與對方初見面時，能留下好印象，因此對於自己的服裝、儀容以及談話的內容等，都會事先考慮周全。雖然一切考慮周到，談話也進行得很順暢，但是往往忽略一點，那就是在分別說再見時破壞了氣氛，影響了這一次愉快的見面，導致不歡而散。

舉個例子說：「喂，某某人說你……」，把這些話說出之後，掉頭就走，如此絕對不會留給對方好印象。況且，分手時，對方如果產生不愉快的心情，這種壞印象也會一直留在他心底。

也許你在談話當中提到類似「某某人說你……」這種話時，有時間來加以說明，如果對方有不高興的表情，便可以在分手前消除他的不悅。但是如果是在分別的那一刻才講，眞有可能弄得兩人都一肚子氣回去，因此彼此都留下不好的印象。

總而言之，與第一次見面的人，在分手說再會時，不要令他留下壞印象或不愉快的心情。換句話說，就是用微笑來道別。比如夫妻昨兒個晚上吵得非常厲害，可是呢？一早起來先生要去上班前，太太仍是微笑地送先生走，你說這個太太是不是很有修養呢？

39. 注意最後的招呼

當我們在百貨公司購買東西時，付完賬，店員不說一聲「謝謝」，你有何感想呢？也許你在想，那個店員以爲我付過了錢，就不是客人，當然也不用說謝謝了；或者拜訪他人，一出門對方就把門「砰」一聲關起來，你又如何呢？

每一場電影，最後一幕總是較容易留在腦海裏，這與我前面所提的人際關係有相通的地方。好不容易兩個人談得既順利又愉快，彼此都覺得很滿意，最後你再說一句：「我今天眞是打擾您了。」或者「下次再來玩啊！」等，這種溫柔親切的最後招呼，使兩人覺得：「眞是好豐富的一次談話！」

見面交談時，需要考慮最後的招呼。同樣的，打電話也是，不論你們聊得如何地好，電話中講得再殷勤，如果最後一句再見也不講就掛斷，任何人都不會對你有好印象。即使到了最後，你沒有這樣想，也要這樣講，對方自然就會覺得欣喜。這種禮貌的最後招呼，就像電影的最後一幕，深留在對方心中。

第二章　如何使自己成爲受歡迎的人

——愈親近的朋友愈要注意

40.不要在他面前批評他的親友

「即使是親近的人，也要有禮貌。」這是流傳已久的一句話，而我要說：「對愈親近的人，說話愈要小心。」與人首次見面，或者與不怎麼熟識的人交談，我們自然會考慮話的內容，還有態度等等。但是和好朋友講話，就很少人多這一層顧慮了，因此往往發生讓朋友難過，或不經意傷害到他的言行。

我們舉個例子來看看。當情人對你說：「我父親眞是最沒有用的人，在公司低聲下氣，回到家却對我們又罵又吼的，我認爲這種男人最沒出息。你認爲呢？」如果妳毫不考慮就附合他說：「是啊！我也這麼覺得。」此時，你的朋友會在心裡想，你贊成了他的說法，那麼是否意味著你也用這種態度和想法來看他的父親呢？人本來就很任性，雖然知道自己最親密的人有許多缺點，但是當別人批評他時，總是覺得不高興，打心裡討厭這個人。因此假如你的情人或朋友這樣問你，你不妨溫柔地對他說：「可是你父親也有其他的優點啊！」用其他的讚美來回答，不但可以緩和氣氛，也可以避免懷疑。

因此，我們要注意，與最親近的好友說話時，千萬不要批評對方的雙親。甚至於爲人父母，也不應該對孩子說：「你不要跟對面的小明玩，知道嗎？」因爲這些都是多餘的干涉，而多餘的干涉往往會養成不良的人際關係。

41. 不要探索他人的興趣和喜歡讀的書

有一位作家朋友告訴我，他最討厭別人問他：「你最愛吃什麼啊？」因爲他最愛吃的是牛筋，而一般的人却很少吃牛筋，甚至有人用牛筋來餵狗，因此如果他坦白地說出來，問的人會說：「嗳呀！你怎麼吃那種東西？」或者「那會不會影響你的身體啊？」於是這位作家每次都在心裡回答：「我吃啥關你屁事！」而搞得自己不舒服。

也許有的人會認爲，爲了這種芝蔴小事不愉快，大可不必。但是這不過是個人想法不同罷了。興趣、嗜好本來就是屬於個人的問題，照我這位作家朋友的看法是，只要不會妨礙他人，不論喜好什麼那是個人的自由，不需要第三者干涉。因爲不好的批評，好像自己被束縛了一樣，會有不暢快、不舒服的感覺，甚至覺得自尊心受損。

任何好朋友，不要批評他的嗜好，對他人喜歡看的書，也不要去尋問探究，因爲這是個人感覺的不同，而感覺又是最奧妙的問題。

42. 卽使是開玩笑，也不要批評對方的職位

我有一位朋友，在大學裡當助教。大家都公認他的成績、人品都是可以升爲教師級的了，但是他似乎跟這個「助」字有緣，截至目前，還在當助教。他曾經告訴我，常有人問他：「嘿！老兄，是不是你們學校教授的位子太少了……」，「你早該當教師了嘛！怎麼回事……」等等，眞是無可奈何！

當然，這些詢問的人可能並無惡意，或者只是開開玩笑罷了，不過總有幾句是帶點同情味道。還好，這位助教不會拘泥於他的職位問題，不過，話說回來，雖然不在意，如果經常被問起，也會不高興的。

五、六年前發生一件社會新聞，內容是說，有一位公司的小職員，每天他太太就對他嚕嗦嘮叨說：「你打算一輩子都當個課長啊？」「你怎麼那麼沒出息。」等等，惡言諷刺，結果這位先生在外養了一個小老婆。因爲任何人或多或少都注重自己的職位，卽使那個職位再小，也必須維持男性自尊。因此卽使再親近的人，無論是開玩笑或無惡意也好，最好不要批評他在公司的職位、地位等等。

43.當對方炫耀時，卽使自己了解也假裝不懂

凡是第一次到國外回來的人，總想把自己的體驗告訴別人，有點炫耀又有點與人分享的味道。如果你正旅行回來，興致高昂地向別人訴說西班牙多棒多棒時，他却揷上一句：「西班牙呀！我留學時在那兒住了三年，那個國家的風俗民情不是你走馬看花二三天，就能了解的……」此時你做何感想，不但被當頭潑了盆冷水，同時也會有被侮辱的感覺。

所以說，與人交談時，常常會碰上對方高談濶論的話題正是你非常了解的問題，甚至是你專門研究的課題，有些人會有一種驕傲的想法與說法：「那件事我早就知道了！」或「你談得那麼膚淺……」等等，這眞是太令人傷感了。當然如果你的確比他了解更透徹，那不妨謙虛地提供意見，或者適當地替他加添一番，進而與他共同研討，聊得更起勁，如此一來，彼此都能獲益不淺。

不過，如果對方正講得意興昂揚、精神激動的話，最好不要直接地衝口而出：「這樁事我比你更清楚。」這是不智之擧。因爲如此不但打斷對方的興致，更會讓他覺得你瞧不起他。我想，縱然你知道，也應假裝不知道，忍耐地聽完。

一個成熟、替人考慮的人，應該有這種想法才是。

44. 當對方正在談話時，最好不要介入

在宴會、生日舞會上，我們時常可以看到朋友正和另外一個不認識的人聊得起勁，此時，每個人都會有加入他們的衝動，而實際上呢？你只不過是想聽聽他們到底在講些什麼罷了。

但是，一方面你不知道他們的話題是什麼，而且你突然地加入，可能會令他們覺得不自然，也許因此而話題接不下去，到後來場面氣氛轉爲尷尬，而無法收拾。此時，大家一定會覺得你很沒禮貌，也因爲你這位不速之客，導致自己和朋友被恥笑。

如果碰到這種情況，你最好等他們說完再過去找你的朋友，倘使眞有事必須當時告訴他，給他一些小動作的暗示，他也會找機會與你講才是。

有一點要注意，不要靜悄悄地站在他們身旁，好像在偸聽一樣。盡可能找個適當機會，禮貌地說：「對不起，我可以加入你們嗎？」或者，大方地、客氣地打招呼，叫你的朋友介紹彼此，就很自然能打破這個情況。最忌諱的是千萬不要打斷他們的話題，也不要製造尷尬的氣氛。

45.不要在小孩面前批評老師

有一位小學教師曾跟我說他的一個經驗。他說，有一次考試，他認爲班上幾個同學考得很好，於是給他們相當高的分數，以資鼓勵。但是，有好些個媽媽到學校來找他抗議，她們認爲不應當給小孩子太高的分數。他義正辭嚴地告訴這些媽媽：「這是我正確判斷之後採取的結果，請您們不要干涉……」可以想像，今後這些媽媽們對這位老師的看法。

當然，我們也不能指責這些媽媽們的不對，因爲家長有批評教師教法的權利，問題是，不應當在孩子（學生）面前。萬一你在孩子面前批評：「這位數學老師的教法是錯的。」那麼孩子會如何想呢？他們一定會想：「我的老師連書都教不好哪！」在不知不覺中孩子會瞧不起老師，既然瞧不起老師，再也不會聽老師的教誨了，如此師生的關係蕩然無存。

也許對方眞有不對的地方，但是在孩子面前評論老師有百害無一益，對孩子更是一種不良的教育。同理，在孩子面前，也應該避免批評鄰居朋友的壞話。

46.打電話到他人公司時，不要佔用太多時間

平時，有一些女性，在沒有重要事情之下打電話到先生或情人公司，在電話裡講的盡是一些家事或「我想你」之類的話。這些女性大都沒有考慮到丈夫或情人的立場吧！

他們在公司有同事、上司，若沒有必要打電話，應該儘量不打。尤其類似這些話：「我今天下午可能會遲到，怎麼辦？」這會令對方很難為情，因為他總不能在辦公室把約會的事大聲說出，如果小聲說，又會很尷尬，好像什麼小秘密似的，周圍的同事可能會糗他：「嘿！你女朋友打來的啊！」或者：「查勤啊！」等等，令他不好意思、難堪。

當你碰到非打電話到先生或情人的辦公室時，應該考慮讓他們能簡短回答的說法。比如：「今天我突然有事，可能會慢三十分鐘，我們七點再見好不好？」如此你的情人只要回答一句「好」或「不好」就可以了。

47.打電話時，面帶微笑

你是否曾經在路上的公共電話亭中，看到一些人，一面說：「眞謝謝你。」一面在那兒點頭打招呼。或許你會認爲這個人眞笨，前面又沒人，幹嘛猛點頭？事實上，打電話時，表情的誠懇，透過話筒可以傳到那端去哩！

會話並非只靠語言就能成立的，把講話當中的精神傳到對方，這樣才算是完全的成立。而發生這種成立效果的精神，指的是你的聲音，而聲音與表情有著直接密切的關係。例如，你愁眉苦臉地講著不高興的事，難道會說：「我好高興哦！」我想那種聲音一定非常不自然。

當你微笑地說著電話時，聲音自然變得明快、爽朗，即使看不到你含笑的臉蛋，也能從你清脆的聲音中感受到。表情冷淡地對著話筒說：「這次受您照顧太多了⋯⋯。」這種表情導致語言的冷漠，也因此對方不會覺得你是眞心的。

48. 受人幫忙時，一定要表示感謝

如果你問任何一位女性職員：「你喜歡那一位上司？」或者「哪一類型的上司較受歡迎呢？」幾乎所有女職員都會異口同聲地對你說：「當我幫他複印文件或替他做某些事情時，對我說謝謝的上司。」而相同的道理，從來不表示謝意，甚至說一聲「謝謝」也吝惜的上司是被討厭的。

有的人會批評這些女職員眞難侍候，其實，在她們看來，這些份內的工作，本來就應該做好，從來也不希冀有什麼回饋。不過在她們這種不奢望、期待的心情中，上司突然客氣地對她說謝謝，當然會非常高興。如果上司用理所當然的態度，沒有表示謝謝，女性職員可能有被使喚、被蔑視的不快感，怎麼會歡迎你？

今天，要是她們完成了大規模的工作，誰都會想到道個謝，但是，如果是小事一件，恐怕也就沒有人記得了。身爲上司，時常微笑地說一句感謝的話，慰勞屬下，彼此會更加有默契。對任何人，甚至花錢請來的傭人、餐廳的服務生等等，也都應該隨時加上一句慰問的「謝謝」。

49.在公司邀請同事時，要顧慮其他的人

公司新進來一位年輕人，可是做不到一個月，就對上司說：「我無法再忍耐了，這種與同事脫軌的工作環境，我待不下去了。」於是提出辭呈。聽到他的理由，這位上司竟然楞住了，因爲他請辭的原因太出乎意料了。

這家公司的年輕職員，經常會下了班，三、五個人一邀就去小酌一番，但是並沒固定的一個團體，大夥只要誰想去就去。看來這個新來的年輕人是不敢主動地表示想參加，所以被老職員們

認爲他不願意去，或者不喜歡喝酒，也就不想勉強他。其實，這位年輕職員一直在等待老職員們的邀約：「小子，一起走吧！」在這種互相不知情的情況下，這位新進的職員漸漸地認爲自己被群體排斥了。雖然他的想法也有不妥的地方，但是畢竟是新人嘛，老職員們應該考慮到他的立場，主動親近他才好。

這也許是件小事，但是可以提醒我們一點，那就是群體行動時，應該考慮不能參加或不參加的人的立場，而此時，熱情地說一句：「怎麼樣？一起去吧！」問題就能迎刃而解了。

50. 與不熟識的人多做溝通

在國外學術研討會的午餐上，我們經常會看到彼此不熟識的外國學者專家們坐在一起也能暢談閒聊，而國人却避坐一邊，或者與熟識者交談。每遇到這種場合，我總覺得國人過於拘謹。

在國內的一些研究會上，國人這種情形也常見到，往往要是在一大堆不認識的人當中，看到自己熟識的人，便撇下其他的人，與他談開了。更何況在國外，一大群高鼻子藍眼珠當中，發現一個與你一樣黑頭髮黃皮膚的人，當然會有如危船駛進避風港般地感到欣喜與安全。

如果你認識的人旁邊有他的朋友，而你並不認識，便緊抓朋友不放，而忽略了他的朋友，這讓旁邊的人多尷尬啊！恐怕對你也不會留有好印象了。你們越講越投機，旁邊站立著的他就更難過。何況結識一些新朋友，也可以使自己在陌生的地方，多一分關懷與友誼，千萬不要先入爲主地在群體中搜索熟識或同膚色者。

51.對沒有直接關係的第三者，也要重視禮貌

某本雜誌上有位年輕的男孩投書說，他與女朋友在公園裡散步，忽然有一個二、三歲大的小男孩跑過來，可能是女朋友的格子花裙很可愛，引起了小男孩的興趣，他用白白胖胖的小手去摸裙子。可是，這位女友却用女性慣有的歇斯底里的聲音說：「不要用你的小髒手去摸。」並且粗暴地推開那雙小手。

看到這種情景，這位年輕的投書者發現了他女友的另一面，心裡覺得很厭惡。原本他認爲自己的女友非常溫柔、體貼，如今她却用這種舉動對待一個小孩子，即使她的裙子非常高級漂亮，也傷了那個小朋友的小心靈了。同時，在他的眼裡，她的魅力全失，從那一天開始，他漸漸和他的女友斷絕來往。

當然，這位年輕人可以嘗試與他的女友溝通，向她開導。但是由這段情節看來，我們應有一

點了解，細心體貼並非只是你和親密好友二人間的問題而已，偶爾介入無直接關係的第三者，也應該禮貌細心地相待。計程車司機、餐廳服務生，似乎都是第三者，對待他們尤其需要保持禮貌與體貼的風度。

52.提到對方不願意聽的事時，要注意些什麼

傳達對方不願意聽到的消息，或者對方恐懼的事情時，傳達的人心裡負擔非常重，因爲搞不好對方會因此發生大事故，尤其碰到與生死有關的事情時，更會戒懼不安。

我以前居住在一個較偏遠的鄉下，曾經目睹一場悲劇，悲劇的起因是一封匿名信。信上說這位新婚的先生，曾經和一位有夫之婦發生超友誼的關係。在一個民風純樸的鄉下，居民大都觀念保守，更何況這是道德上不被允許的行爲，事態似乎非常嚴重，在居民們義憤塡膺下，他的上司把他解雇了。因此悲劇就這麼產生了，他留下新婚妻子自殺身亡。後來才發現他是淸白的，原來寫匿名信的是他妻子以前的男友。

世上有許多事，本來就欠缺公平，他的上司在他倍受困難時，又辭了他的工作，使他的自尊心再一次受到強烈打擊。如果此時周圍信任的態度強一點，他可能就不會走上絕境。舉個例子，

——和親近的人說話時

卽使開玩笑，也不要在女性面前讚美其他女性。

不要批評對方的雙親和朋友。

機智的要點

不要談及對方在公司的職位或地位。

打電話到情人公司時，要讓他能簡短地回答。

當你聽到某人不好的風評時，不妨說：「我不大相信，應該不會……」給他申辯的機會，並且在信任上給他支持，否則他會有如溺水的人抓不到浮木一般痛苦，甚至釀成不可收拾的結局。

我的一位朋友是個教師，他每每遇到成績莫名其妙退步的學生，總是拍著學生的肩膀對他說：「眞讓我不能相信，你怎會退成這個樣子，考這種分數？」往往他的效果都是失敗的。後來他研究出來，原來那樣做只不過是重覆一遍事實罷了，於是再有這種情形時，他依然拍著學生的肩膀，却說：「雖然我不大願意相信……」這句話在人際關係中產生了微妙的心理作用，這也是人與機器不同的地方，話的情感是內心的表現，而情感可以改變事實。

53. 用「我也認為很困難」來打破僵局

有一次我在一個咖啡店裡，看到四個年輕的女服務生正快樂地討論著，由於她們的聲音清脆，使我偶爾聽到了幾句，她們好像說是要利用休假期間，一起去旅行，趁著客人不多，大夥七嘴八舌地紛紛提出建議，爲了旅行計畫而商量著。提出了好多地方，可是都並不滿意，當下有人突然說：「那我們到國外去吧！」

事情到這裡，突然有一個人過去招呼客人，另一個呢，却沉默了下來，可能是經濟有困難吧！於是氣氛一下子凍結起來，變得冷淡。我對這件事情的發展有興趣了，於是稍微傾過身子注意聽，這時候，那個招呼客人的小姐回來了，用明朗的聲音說：「嗯！不錯呀！到國外很好玩，可是到國外旅行要辦許多手續，我也不能馬上決定，我看我們下一次再討論好了，回去再想想其他地方……」我看那三位小姐都有獲救的感覺哪！

這眞是一個美妙的解決方法，如此不但化解了冰凍的尷尬場面，那一位經濟有困難的小姐也不會受到傷害，臨機應變的一句話救了大家。當對方提出困難或難以回答的問題時，把話題引到別處，或告訴他：「我也覺得困難」，可以化除僵局。

54.對方批評第三者時，不要附合

如果有人問你：「小李，我覺得B小姐很驕傲哪！你認為如何？」你如果率性地回答說：「嗯，我也有這種感覺。」那可就不妙了。通常這種人常被戲稱為「應聲蟲」，甚至有變為「廣播電台」的可能。怎麼說呢？因為他很可能跑去告訴B小姐：「小李說妳很驕傲！」甚至添油加醋，非讓你氣炸不可。

這種事情，在我們身邊的例子多得很，古來就有一句話說：「話越傳越多，東西越傳越少。

」某人吐了一些羽毛狀的小血絲，最後竟然是變成吐出一隻鵝來，這不是說明語言訛傳的可怕嗎？尤其當對方大肆評論某一位第三者時，最好不要挿嘴，事實眞相你也不了解，更何況淸官難斷家務事，有許多事情並不是你附合他一句，他就能消消氣，或者對你感謝萬分的。

當談話時出現這種話題，雖然聽者很不好受，但是也許朋友只是發洩而已，你不必肯定或者否定地回答他，把這些話當作耳邊風就算了。識時務者為俊傑，明哲保身一點也沒錯，尤其在這種時候，少說少錯是絕對正確的。

55. 談論他人，壞話只講三成

有一句話說：「談論他人，只講他的好處。」不過這實在有些困難，因為大部分的人對批評他人的缺點是很有興趣的。談論不在的第三者時，如果你在言辭上特別留心，而且閃爍不定，反而會被誤會你居心不良，什麼話也不敢再對你講。自然的態度，技巧地避免附合，如此才能逃過一刼。

其實，評論第三者的場合應該盡量避免，何況背後擺人家烏龍實在有失氣質與修養。一般人一聊起來就忙不迭地說某人如何，公司主管怎麼無聊等等，我們經常警惕自己說「嚴以律己，寬以待人」，若能如此，很多事也不會變得那麼嚴重。即使做評論時，也盡量克制，別人的缺點只講三成，點到就好，用其他七成來讚美讚美他吧！

本來，人類的優缺點是並存的，神經質的人也可以說是細心的表現；而親切的人竟也有人用優柔寡斷來批評。優缺點，看事情狀態而有所改變，對這件事他的處理可能是親切，然而碰上另一件需要果斷的處理，他可能就變成優柔寡斷了。因此評論他人時，怎麼能忽視優點，盡挑缺點講呢？

56.不要隨便加強語氣

由於我經常去各地演講，與人講話的機會也增多，最近我發現我們周圍充斥著一種人，他們在講話時，故意講些冷僻困難的字，或是專門用語，引經據典等等。尤其是受過高等教育的人士，喜歡用這種方式來表示自己高高在上，這種人在會場似乎都不大受歡迎，大家會儘量敬而遠之。

有一次有一位中文系的研究生來找我，他對我說：「這種人是擅長外交辭令的人，想獲得大多數人的注意，是不負責任的類型，我對這種人，絕不能採取寬容的態度。」還好他是我的學生，我半猜半想，了解他的整個意思，其實這一句話只要簡單地說：「他太圓滑了，我和這種性格的人合不太來。」如此也比較客觀，事情也簡單多了。

還有一種情形，也值得提出來。比如你對老王說：「我眞討厭你這老頑固的傢伙。」老王回答說：「我也這麼想呀！」結果大夥一起大笑幾聲，一笑置之，說者沒有酸溜溜的諷刺意味，聽者也大方地自嘲，場面很融洽。如果你換個方式說：「你那種不妥協態度，我實在是看不過去。」我想老王大半會想：「莫名其妙，關你屁事。」而根本不理你。因此爲了不把事態嚴重化，大事最好也用平常語氣來講就好。

57. 讚美對方常去的店鋪或餐廳

有一位作家曾說：「如果想了解某人的個性，看他看什麼書就可以了。」經常光顧的店，有時也像書櫥一樣，可以表現個性。也許我說得比較牽強，但是如果你的朋友帶你到他最喜歡的咖啡店時，你不妨對他說：「這裡氣氛好舒服！」或者說：「這咖啡好好喝。」等等，這樣他會有被讚美的喜悅。

尤其戀愛時，男性經常會帶女友到他常去的餐廳喝飲料之類的，其實，男孩子有一半心理是想讓女友從餐廳的裝潢和氣氛上來了解他的個性，比如他偏好的顏色、喜歡喝那種飲料等等。這個時候，女孩子卽使不怎麼欣賞這家餐廳，也不要刺激他說：「我不欣賞這一家的……」因爲批評他最喜歡去的咖啡館（或餐廳）等於直接批評他一樣，間接地傷害他的自尊。

58.卽使一碗陽春麵，也要說謝謝

現今是個豐衣足食的社會，幾乎每個家庭在食物上都很充足，因此也不在乎把剩菜丢掉。當別人請吃飯時，並不覺得需要特別感謝的人的情形愈來愈多，如果對方請的是平常較難吃到的法式大餐，也許會例外，但是如果請的是便飯，還有可能被認爲是小氣，瞧不起你。等酒足飯飽後，揩揩嘴，似乎一點感謝之意也沒有。

做人有許多基本禮貌，別人請吃飯，要感謝的應該是他的誠意，而不是感謝那好吃的東西，因此，卽使是一碗陽春麵，一杯可口可樂，都需要表示謝謝。

長久以來，男女約會時，許多女孩子總是理所當然地讓男生付錢。如果不是很熟識，應該表示謝謝。事實上，並沒有明文規定女性應該被請，男性應當無條件付賬。尤其戀人，更是要說一聲誠意的「謝謝」，關係愈親密，愈不要忘了謝謝，因爲它是一句溝通的橋樑。

59.不要批評對方的好意

如果有人送你紀念品，你却回答說：「我不要那種，我喜歡的是其他的。」我想很少人會這樣講，因爲即使那個紀念品價值少，但是禮輕情意重，當面批評紀念品，大家都知道這是沒禮貌的舉止。

雖然我們都有這個常識，但是不小心會說出本意。例如，你帶一位女士到某一個有名的西餐廳吃飯，那個女士說：「我上一次和××人到××餐館，那裡好得不得了，灯光、音樂……」我想你心裡一定很不是滋味。也許這位女士是無心的，但是這與批評紀念品是同樣的道理，很容易傷害到對方。

倘若你請人吃飯，對方若告訴你另外那家餐館有些什麼好吃的東西，你做何感想呢？言下之意，好像對你細心地挑選與欣賞的眼光有所不好的評價。本來，送禮品給人，或請人吃飯，都是很傷腦筋的事。尤其那個餐館如果是你最喜歡的地方，所受的傷害會愈深。換個角度想想，如果是自己，又會如何呢？

60.邀請女性時的說話技巧

研究心理活動的專家說，女性的心理眞是難以捉摸，第一次邀請女孩子時，如果你先問：「去嗎？」再問她：「不去嗎？」可能有百分之八十的女孩子會拒絕地告訴你：「算了吧！」雖然根據統計，目前適婚年齡的女性比男性增加，然而女孩子總是較保守害羞，並且含有些許警戒心。當她需要回答「好」或「不好」時，通常是選擇沒有危險性的「不」。

有一個巧妙的例子說，某一個店員的櫃台生意總是比其他小姐的生意好，原因是這位店員在客人買一斤糖果時，先拿半斤多一點的份量，然後再漸漸加至一斤，這樣，客人總是高興地離開，也喜歡來向她買。相同的，語言運用的技巧也是，當你向女孩子邀約時，不妨先問她：「不去嗎？」然後再問：「去嗎？」增加她考慮答應的機率，情形可能整個改觀。

國內的女性對男性總是難以開口說「不」，結果最後場面變得很曖昧不淸，等到最後一班車快開時，你問她：「怎麼決定，是要留下，還是回去？」她依然沉默，於是搞得你不知怎麼辦才好。「女孩子的沉默不語，表示答應。」有一位心理學家這樣說。因此你不妨問她：「待在這兒吧！」除非她很堅決地說：「不」，否則表示她願意再停留一會。

61. 細心斟酌要表達的話

我經常和一些學生在一起喝茶或吃飯，每每看到一些學生這樣講：「來杯咖啡就好！」或是「咖哩飯就好！」好像是被迫吃飯一樣，一個「就」字顯得那麼無奈。我倒希望聽到他們用年輕爽朗的聲音說：「我要一杯咖啡。」這個「要」字直爽、率性多了。

不論是講話或者回答，語氣的斟酌是非常重要的，有時候語氣又影響話的內容，導致不必要的煩惱。我舉個例子吧！去年我的一個助教，當她的情人向她求婚時，對她說：「和我結婚吧！」我這個助教却快言快語地回答說：「嗯，嫁給你也行啦！」好像很勉強，馬馬虎虎算了的感覺。結果她和她的男友就因爲這句沒細心考慮的話，而繞了一大圈子才踏上紅毯的那一端。

同樣一句話，不同的人會有不同的想法，而對說話者的印象，也可能因爲一句話而有十萬八千里的轉變，因此人際關係的磨擦也時常是因爲不小心的一句話而引起。讓你的原意由話中謹愼地表達出來才是最好的。

62.拒絕時應注意禮貌

一個非常討厭的人，或者不怎麼喜歡的人請你吃飯時，有些年輕人會直截了當地以不屑的態度回答說：「我怎麼會跟你這種人一起出去！」這種不尊重的語氣，會令對方下不了台，也傷害對方的自尊心。我想，即使非常討厭他，拒絕時也不要沒禮貌才好。

或許以後你可以換個方式，當拒絕他時，不妨提出一、二個理由，即使有所瞞騙也不傷大雅，只要讓對方了解，你眞的是無法和他出去就行了，有時善意的欺騙，事後較容易解釋或彌補。如此，對方也會覺得至少比沒有理由，一口被回絕來得輕鬆。

當然，撒小謊要有技巧，而且是在替對方顧慮的心理下的善意欺騙，太明顯誇張的謊話最好不要說。例如：「我要去參加××的喪禮。」這種天大的謊話，千萬不可以說。

63.拒絕對方時要稍做考慮

平時我們很難對一個誠心的人開口說「不」，因此拒絕的學問也很傷腦筋。一個擅長處理人際關係的人，總會很技巧地利用機智的會話術，把場面處理得很圓滿，在時間的考慮上，非常恰到好處。

舉個例子說，朋友邀請你：「你下個月三號有沒有時間？」若你馬上拒絕地回答：「那一天我已經預定有事了。」會令對方非常失望。卽使你眞的有事，也不應該毫不思索地拋下一句拒絕的話，然後什麼也不說，如此讓對方感覺如果他拜託你任何事，你都會立卽一口回絕。你不妨換個口氣講，把回答的時間拉長，稍微做一下考慮，然後再對他說：「到目前爲止，還沒有什麼預定的事，但說不定那天鄉下的親戚會來找我。」

稍微考慮一下時間，表示你有思索他的邀請，只不過是因爲不能確定，或者眞正有事衝突才不能去，如此對方知道你有了解他的意思，接受他的誠意，卽使被拒絕，也不會太傷心。因此時間的考慮，在拒絕的禮貌上也是非常重要的。

64.不要過分追究被拒絕的原因

一位女同事向我說，有一次她和朋友約好了出去，但是因爲前一天突然感冒，身體不舒服，於是事前她打了一通電話給對方，向他說明：「我昨天不小心感冒了，對不起，今天我不能赴約，下次……」可是對方那位男士却說：「是嗎？我覺得你的聲音很好嘛，我又不會佔用妳太多時間。」雖然這位男士並沒有惡意，但是她如果說「好」，好像自己是假裝生病，開玩笑罷了。從那天起，我這位女同事發誓不要再和他約會了。

的確，被拒絕時心裡都不好受，任何人也都想知道一下原因，但是如果追究得太過分，甚至像前面所講的那位男士一樣，用否定的方式，反而會破壞彼此的情感。就好像推銷員緊纏著顧客一樣，令人有「誰要買你東西」的感覺。

人生不如意事十之八九，區區被拒一件小事，有什麼好探究個沒完的。當你會意出對方拒絕的心理時，不妨自己把話打斷，乾脆地表示沒有關係，如果像我那位女同事一樣生病，也可以安慰她二句，關懷的誠意最令人感動，拒絕你的人在不好意思的情況下，說不定下一次你還有機會哩！

65.遲到時，一定要道歉

我生平非常討厭遲到的人，因爲我曾經有等人五小時的經驗，我想當時我必定是發揮了前所未有的耐力。有很多人在遲到後，見面劈頭就說：「剛要出門，隔壁有人叫我過去。」或者「堵

拒絕時

卽使討厭的人邀請你，也不要太露骨地拒絕。

不要用曖昧的拒絕法。

機智的要點

對於他人的邀請，稍作考慮再拒絕。

有時可以善意的欺騙。

車，車子在橋上足足等了一小時。」像這樣讓對方多等了幾十分鐘，卽使你的解釋再精彩，也無法彌補。反而會令對方認爲，你的辯解是不負責任的，把鄰居的嚕嗦、車子的抛錨當成遲到的藉口。

有時候，我也會因爲上一件事沒處理完畢而遲到，讓人久等。無論我的理由多正當，見到他時，一定會先說一聲：「對不起，眞是太抱歉了！」先道歉緩和氣氛，而我的朋友也往往苦笑著說：「眞沒辦法！」而原諒我。

現在約會遲到的女性似乎愈來愈多，她們認爲讓男士等一下，可以提昇自己的地位，往往男士等一個小時以上是經常有的事。而道歉、說聲「對不起」的更少，想想等妳的人是多麼愛你呀！否則等人的時間那麼難熬，簡直可以用度秒如年來形容，他怎麼會忍耐呢？爲何不多替對方想想，體貼對方而盡量準時呢？碰到面試或生意洽談時，若遲到了，先說一聲「對不起」再想辦法補救吧！

66. 強調約會見面的時間

我因爲職業的關係，經常被邀請到各地演講。有一次，一家規模相當大的企業團體來函預約，並表示「演講從下午二點一分開始」。起先我覺得很莫名其妙，後來我才發現，這家企業團體的管理非常嚴厲，時間的處理也十分嚴格，在這個生存就要競爭的社會裡，難怪他們會屹立不搖。

我們經常在公司團體，或學校機關看到許多「珍惜光陰」、「遵守時間」的標語，政府也大力宣導，可是國人的時間觀念並沒有多大改善。有人開玩笑說：「七點的宴會，八點準時到。」這眞是一大諷刺。

大學時，我們有一個同學不知怎麼搞的，每次約好一起行動，他總是遲到，而且一定半個小時以上。經過多次軟硬兼施的勸告都沒有效果，於是我們想出一個應付他的方法，那就是如果約好七點見面，我們就告訴他，見面的時間是六點三十分，如此皆大歡喜。

約會時，不妨告訴對方十點三分，或者十一點三十七分等等，把時間詳細地說出，可以增加對方的印象，一再地強調，也有提醒的效果。

67. 善意、適時地刺激他

某一位出名的作家，在他的回憶錄裡曾記錄一段往事，特別感謝他的妻子。他剛出道時，一天到晚埋首在稿紙、書堆中，可是却很少拿到稿費。自己失意透了，覺得對妻子也無法交待，好幾次想放棄算了。可是他的妻子有一天對他說：「你大概沒這份才氣與能力吧！」他雖然失意，可是聽到這句話非常生氣憤怒。結果，太太的刺激使他產生「我做給妳看」的心理，鬥志昂揚地重新出擊。

一個失意走下坡的人，周圍的親人、朋友總是同情、安慰他，不過我想安慰應該要看時間、情形。因爲同情可能使他認爲自己的沮喪理所當然，不會立刻產生鬥志，結果他很可能領受這份安慰，一蹶不振。

雖然他也自認自己是缺少一點才氣，但是被人乾淨俐落地反駁，赤裸裸地刺激，眞是太沒出息了。你故意火上加油地刺激他，可能會激勵他內心的骨氣，「激將法」適時地使用是有效果的。當然，我們要注意一點，那就是激勵他所用的刺傷的言語，是在勉勵的心情下說的，所謂「愛之深，責之切」，否則這種刺激反而是傷害對方的自尊心，所得的可能是反效果。

68. 給予容易的課題，漸漸恢復他的信心

每年畢業前夕，我指導學生的畢業論文。當我提出畢業論文的主題時，總會有一些學生對我

說：「教授，我沒有寫好論文的信心。」聽到這樣的理由之後，我指導畢業論文的第一要務是：讓這些學生有自信心。

我對這些缺乏信心的學生說：「到×月×日爲止，你把這本書唸完，仔細讀它，用你的方法整理它。」並且一定送給他一本有關寫畢業論文要注意事項的書。普通一個大學生，只讀一本書，做畢業論文是辦得到的，因此他們通常都在時間以內把作業交給我，而我一定給予讚美之後，再稍加指導：「不錯嘛！做得好極了，就像這樣！」

恢復他自信的方法是，給他親身去做的經驗。倘使你一開始就給他非常困難的課題，他在缺乏信心的情況下，更做不好，當然也就不可能恢復信心了。只要在他能力範圍之內，再簡單也無妨，目的是要讓他出發，跨出第一步。當他能克服之後，就像伸縮性大的彈簧，有能力再接受第二次跳躍的考驗。

69.悲觀的勸勉之後要有樂觀的鼓舞

生活有時像一個負擔不平衡的擔子，因此挫折感經常影響一個人的情緒，甚至打擊信心與人生觀。見到朋友頹喪不振時，勉勵他成爲義不容辭的事。但是勉勵他，只是要讓他了解事態並沒有他想像的那麼嚴重，他不是懷才不遇，只是時機還未成熟罷了！

敏感的人，會認為你的安慰是同情，勉勵是諷刺，因此在某些程度內，應考慮讓他知道否定的因素。但是這種採取悲觀否定的態度之後，必定要加強樂觀的因素，使他覺得有希望、有信心。例如，你說：「那所大學雖然很難進，但是你有這份實力。」如果改說：「你雖然有實力，不過那所大學要進去很不簡單。」同樣一句話，倒過來講，聽的人感受完全不一樣，這不是咬文嚼字的技巧，而是心思作用的勉勵。

「你有實力」這句勉勵的話，如果是由他信賴的老師口中講出，與從一個不熟識的人口中講出，效果也不一樣。一個不熟識的人，會令他想到：「你又不了解事實，怎麼如此斷定？」認為你口是心非，反而更反駁自己。因此，給你的好友由悲觀到樂觀的勸勉吧！

70. 女性發牢騷時，不要同聲附合

家庭主婦聊天時，話題總離不開先生、孩子而且多半是發牢騷。比如：「我的孩子眞煩人，一天到晚叫我擔心。」通常他講這種話時，聽者最好不要隨便應一句：「是呀！你那小孩是這樣。」千萬不要順著她的語調講，因為她並不是眞正地抱怨，只是發發牢騷，找找話題而已。

又如，她會說：「我們家小明雖然不用心，但是只要他再加強一下，成績就會進步。」這種說法，是既無可奈何又心疼的心情，話中總是有期待的意味。「我先生每天都去打高爾夫球，連星期假日也是，我眞希望他能多在家陪陪孩子。」這句話的意思就更妙了，一方面抱怨先生成天在外，一方面也在強調她先生事業順利、家庭幸福，從埋怨中提高先生的地位，讚美自己的家庭。

當她發牢騷時，不要用同調的話支持她，聽清楚她的意思，委婉地說：「你太過操心啦，沒這回事。」如果不小心附和他的說法，有時會令她覺得是你在批評她的先生與孩子呢！

71.女性哭泣時，讓她暫時發洩吧

一位女子中學的老師告訴我：「女孩子哭起來，眞是沒有辦法處理。」她剛從師範大學畢業到一所女子中學教書時，對時常遲到的女學生非常兇，總是把她們個別叫到辦公室訓話，結果有些女學生哭了起來，害得她不知所措，安慰也不是，火上加油也不是，眞想自己也哭算了。

有經驗的老師告訴她：「讓她去吧！暫時讓她哭一哭！」於是當她碰到這種情形時，再也不會覺得欲哭無淚。以後她告訴新來的老師：「當女學生哭時，不要安慰她，先讓她哭一哭！」曾有一首歌，裡面有一句話說：「女孩呀！不用學習也會哭！」根據心理學家研究，女性之所以會哭，有五個因素。其中一個因素是遭遇困難時，她想逃避現實，在無法面對難題想逃避時，眼淚就撲簌簌地掉了下來。

哭是一種發洩情緒的方法，根據專家研究，把問題悶在心裡，倒不如用哭把它發洩出來，女性之所以比男性長壽，愛哭也是一種原因哩！因此碰到女性放任感情地哭泣時，暫時讓她去哭吧！

72. 說出對方的缺點時，要加上幾句讚美的話

我們經常會在不小心的情況下，把對方的缺點脫口而出，或者不知不覺中，言行舉止令對方難堪。雖然一直提醒自己，但是也免不了偶爾犯錯。

有一句話說：「君子一言，駟馬難追。」一句傷害對方的話講出來，更有如潑出去的水，再也收不回來。如果產生這種情形，說話者慌忙的辯解，會使對方更難過，認爲你只不過是換一句話來傷害他罷了。我想聰明的辦法是，儘量穩定，點到爲止的解釋之後，告訴他：「不過，那一點對我非常的有吸引力。」或者「但因爲你其他的優點而把這個缺點掩蓋了。」這樣講，不但可

以消除不愉快的氣氛，對方也會破涕為笑。

在人際關係的微妙上，最後一句話給人的印象是比較深刻的。把讚美的話附在最後一句話上，即使在這一席談話中你曾經不小心地批評過他，他也會覺得你一直在讚美他。

73. 用「如果能把這些缺點改掉……」的勸告方式

如果家中有人一下班回來，就怒氣冲冲，皮包一摔，整個人有如火藥筒般，一觸即發，我想那八成是在公司受了同事的氣，要不就是被上司責罵了。被上司指責時，幾乎有許多人都認為是人格受損，心裡非常不痛快。我們也常常可以發現，部分身為上司或長輩的人，責罵與勸告的口氣實在很不技巧。

一位棒球教練在訓練球員時，發現他們的錯誤，不會大聲地指責說：「這樣不行！」或「那樣錯了！」而是告訴他們：「你整個打擊都很妙，只要再把左手稍微提高一點，就更好了。」「如果你把這個缺點改過來，就無懈可擊……」先肯定球員的技巧，再指出要修正的缺點，在滿足他的自尊心之後，他必也會欣然接受你的勸告。

不要單刀直入地使對方下不了台，否則不但沒有達到勸告的效果，反而會有負面情形產生。

對方可能覺得你完全否定他，既然完全被否定，那又何必改正呢？因此，勸告對方時，用「你如果把這個缺點改過……」的方式，會使對方有再奮發向上的精神。

74. 難以開口的事，用電話婉轉地說明

有一對被公認最恩愛的某夫婦，有一件鮮爲人知的趣事。每年十月十日，這對夫婦都會收到他們南部一位朋友的賀電，而每年也都爲了這件事而發生口角。因爲十月十日是他們的結婚紀念日，剛結婚的幾年裡，收到賀電總是非常高興，可是經過了二十年，他們依然在十月十日當天收到這封賀電，於是口角就產生了。太太收到賀電說：「哦！原來今天是我們的結婚紀念日，讓我們來慶祝慶祝吧！」先生認爲都老夫老妻了，還過什麼結婚紀念日，於是意見不合，就發生了口角。而且這位老先生也生氣地說：「自己的結婚紀念日，幹嘛你來提醒。」

前年他們商量的結果，覺得每年都爲這件事爭吵實在沒意思，於是決定打電話給那位南部的朋友，告訴他：「謝謝您每年都寄賀電，我們現在兩個都老囉，也不好意思慶祝什麼結婚紀念日。」結果，那位朋友去年沒有寄賀電來。其實那位朋友也眞用心，也許他也想停止不再寄，只是不好意思打破歷年來的習慣罷了，他們的一通電話，解決了雙方的困擾。

在日常生活中，經常會碰到不願意打電話給對方，却又不得不打的情況，這個時候，即使你非常討厭對方，也不能直接了當地說：「你這樣做，使我煩透了！」而必須婉轉地傳達自己的意思給對方，這樣不但能解決問題，也不會傷害到對方，造成自己心理負擔。

75.利用讚美的時候，提醒他的壞習慣

許多人有猛搖動大腿、咬指甲、捲頭髮等等不雅觀的動作，當我們想要提醒他不要有這些動作時，面對面地指著他的鼻子說：「你能不能改掉這個難看的壞習慣啊！」這語氣會使對方覺得受人命令一樣，搞不好友誼就因爲這芝蔴小事而有了裂痕。

其實我們都了解，面對面告訴對方有錯，要他改過，實在會令他難堪，但是又時常會犯這個毛病。因此，我想在不傷害對方自尊的情況下，適當地給予讚美之後，稍微提示他的缺點，這樣對方比較容易接受。舉個例子：「小美，你的歌聲好，臉蛋又長得漂亮，要是能不抖脚的話，就更加吸引人了。」試著在讚美對方時，稍微暗示他的壞習慣，他會覺得你是誠意爲他好，也會樂意接受你的建議。

76.請第三者提醒對方

某私人企業公司的一位人事主任來找我，他對我說，他們公司最近新徵了一批年輕女職員，因爲這些人是兼差性質，並沒有經過測試，所以層次水準比較粗俗，不論言談或行爲都不大高尙，甚至對他這位上司也是隨隨便便、沒有禮貌。他考慮的結果，把在公司已經三年的女會計叫到辦公室，告訴她：「最近的年輕女孩子，講話態度實在有些輕浮，請你轉告那些女職員們！」過了一些日子，當他再到工作室時，發現這些女職員已經收斂不少，工作也認眞多了。但是，沒想到那位女會計也非常留意自己的說話態度，待人處事較以前更能幹，這眞是意外的收穫。可能這位女會計認爲主任的「最近的年輕女孩子。」之中也包含自己在內，於是也注意修飾自己的言行。

他想提醒那批女職員，拜託第三者的女會計轉達，並不直接批評她們，避免使她們對自己產生排斥感，那麼對工作情緒是有百益而無一害，且能收到預期的效果。這位細心的主任意外地使女會計也改變自己，眞是一舉兩得。

77.不要否定對方整個人格

「你是個卑鄙小人！」為了這句話，張先生與他的妻子離婚。原來張先生夾在母親與妻子的婆媳之間，有一次婆媳又鬧得不可開交，他煩透了，既不偏袒太太，也不理會母親，獨自一個人坐著。但妻子卻大聲責罵他：「你眞是一個卑鄙的人！」於是他勃然大怒，打他妻子一巴掌，並且和她離婚。

當先生被妻子這樣批評時，實在太難過了，最親密的人竟然說自己卑鄙，一切不是就象徵著彼此的不了解嗎？因為他妻子的話過重，抹殺了他整個人格，使做先生的有如被當頭棒喝，但是這一棒卻是吃得莫名其妙，吃得一肚子不服。如果那位妻子換個口氣講：「你好壞，也不偏袒人家一下。」如此身為婆媳間夾心人的先生，也不至於不安慰妻子二句，而鬧到離婚的地步。

在公司的人事管理上也應該注意這一點，當上司要指責員工時，最好不要用「你這沒用的傢伙」或者「你不行」等的說詞，應該考慮用限定條件的說法，不要以否定批評他整個人格，否則弄巧成拙，產生不可收拾的局面。

78. 勸告時，考慮對方的心境與立場

被稱為百貨業大王的林先生，對經營管理有非常獨到的見解。據林先生說，有一次公司裡某一位店員的態度非常不好，顧客紛紛指責。林先生知道以後，把這位店員私底下叫到辦公室對她說：「聽說妳的母親生病了，我一直替妳擔心著，不要太累了才好。」不但沒有斥責她，反而安慰她，當時這位女店員掉下眼淚，並且為自己的疏忽道歉。

有一句話說：「罵他一句，要讚美二句，安慰三句。」這位成功的百貨業大王，即使處理小事也非常細心。他一面提醒店員，一面在話裡讚美她。「要不是因為妳母親生病，妳應該不會犯這種錯誤的人。」他話裡含有這一層意思，而且他也安慰她：「我真替妳擔心，不要太勞累了。」因此，雙方在這個場面下，也能愉快地結束談話。

平時非常穩定的人，某一天突然慌張起來，工作也不專心，八成是發生什麼意外，心裡頭有心事，否則不會一下子變得不正常。因此在指責或勸告時，設身處地地為對方著想，不要用嚴厲的話傷害對方，因為有時候犯錯也是有理由的。

79.難以開口的事，用書信表達

有一位著名的影評家說了一段經驗：「我和我先生在面對面時，總是很難把自己的話表達得很透徹，他又是一個沉默的人，不愛多說話，於是我想出一個小方法，那就是寫字條、寫信給他。當我一個人獨自去旅行或演講時，把所見所聞及心裡的感受藉著信寄給他，當然我還寄上了關懷與愛……」

書信是溝通的另一種方式，通信是自我表現，把內心深處的情愫透過筆端流露出來，傳給對方。但現在的人幾乎很少寫信，原因是電話、電報等工具太便利了，一件事打一通電話就解決了，何必動腦筋去思索一封信，或者花幾天時間等一封信呢？於是他們就不曉得書信的奧妙。遇到難以開口的事情時，不妨用文字告訴對方；如果面對面時不好意思拒絕的女孩子，也可以用信告訴那個小男生。有許多時候，書信可以替我們解決煩惱，尤其信上的一句「好想你」，比電話中羞澀的「好想你」要來得讓情人心動呢！

有人說下雨的夜晚是寫信的最好時刻，這個時候思想感受特別溫柔。因此我們要注意的是，當你要用書信轉達自己的意思給對方時，字句的斟酌問題，否則「文字」是寫在紙上的，比「話

接聽電話的禮貌

不要用力切斷電話。

在公司接聽私人電話時，要注意禮儀。

機智的要點

考慮對方的時間。

打電話前，事先整理說話的內容。

」說在空氣中更難追回。

80.用「自言自語」來發洩情緒

遇到工作不順利，或者對事情有怨懟時，每個人的發洩方式不同。有的人靜靜地關在房間，有的人去瘋狂地跳舞，處理的方式有強烈的差別。也許你曾經在公共汽車上看到一些人自言自語著，嘴裏嘀嘀咕咕不知呢喃些什麼，我想這些人八成是用自言自語的方式來發洩心中的悶氣吧！

在日常生活中，對上司或長輩，不能直接地指出他們的缺點，但是心中實在憋得很難過，這個時候我建議你，不妨自言自語一番：「是這樣嗎？」「眞的嗎？」或「我有一點點意見！」「您不應該……」如此可能會暫時解決一下快要崩潰的精神壓力。有一些妻子喜歡邊做家事，邊發發牢騷，自言自語地說：「眞是的，東西亂放……」，當然這種話最好不要讓當事人聽到，才會產生發洩的效果。

或許有的人會認爲沒意思，自己好像一個傻瓜似地喃喃自語。但是當你碰上這些困擾時，把氣發在公事上，或顧影自憐，倒不如自言自語呢喃一番。

81.暗示對方時間，並把他帶離家裡

在日常生活中，經常碰到一些小問題，可是却又想不出一個妥善的辦法來處理，眞是困擾得很。比如家裡來了一個俗語說「脚長」的人。什麼叫脚長呢？就是話匣子一打開，時間空間全不管的人。眼看著時間一分一秒地過去，自己的工作還擱著沒做完，心裡實在慌極了。

前幾天因爲教學問題的關係，有一位教授到我的住處來和我商量研究，我們講得非常投機，他也很健談，扯完教學問題，又天南地北地聊了起來。可是，最後一班車快要來了，他還沒有要走的意思，我開始緊張了，因爲我的生活習慣很規律，況且還要準備明天課堂上的資料，可是我又不好意思直接告訴他：「××先生，因爲我現在有事，請您回家好嗎？」我眞是被難倒了。

不過，事有轉機，後來我想出了一個解決的方法。我告訴他：「××先生，我家巷口有家麵攤，我們去吃一下宵夜吧！太晚了，也許您餓了吧！」就這樣把他帶出我家，順便把話題轉到公共汽車與時間上，結果很快地，他便打道回府了。我想當你告訴他出去吃消夜時，他應該不會說：「不！我喜歡坐在你家聊天。」吧！更何況「宵夜」也會提醒他太晚了。下次當你碰到這種「長脚」型的人，而且又不是知心朋友可以直接叫他回去的，不妨利用各種暗示的語句帶他離開你家，那麼可能就可以解決難題了。

82.先贊成再反駁他

我的學生當中，有一位脾氣好、腦筋也不錯的學生，但是却沒有什麼朋友。他時常來找我，我聽完他的自白後，發現問題癥結所在，原來他對事情過分認眞堅持的態度，使大家反感，因此沒有人願意和他深交。

學例說，當他與同學在一起討論一件事，發現不贊成的意見時，馬上回答：「我不認爲那樣，那眞太荒謬了！」一口否定了對方的見解，令那位同學非常不愉快，往往就起了衝突。本來，對自己的主張執著是沒有錯的，但是應該考慮到別人，因爲對方的建議也是他自己花了心思想出來的，尤其大專學生，每每對自己獨到的意見都非常重視，除非你提出來的意見能讓大家口服心服，否則一味地否定對方，會破壞人際關係，甚至於傷害到友情。

即使對方的想法和你的背道而馳，也不要用否定的話反駁。若你換一句話說：「我覺得你的看法很好，不過我個人有一點建議。」先贊成他再提出反對的意見，對方也許比較可以心平氣和地接受你的反駁。

83.先接受再找出充分的理由拒絕

當你要說服他人時，最好不要先讓他產生不好的印象，先聽對方講話，不論他講的多麼不合邏輯，先認同他的說法，然後再用足以說服的理由告訴他：「是的……但是……」。這種「是的……但是……」的方法，雖然有點像小學生的作文，但却妙不可言。

有時候我們碰到上司或者長輩無理要求時，採用「是的……但是……」的方法，就不會使雙方感覺尷尬。例如：上司交待工作，可是實際上這個工作你一個人無法完成，這時候，採用婉轉的方式告訴他：「是的，董事長我了解，但是這件工作所花的時間……」先接受工作，然後建議他你需要協助，或不能辦到的原因，如此，上司也不會生氣。

如果是必須立刻拒絕的問題，更應該馬上告訴他，否則拖延的結果，就難以開口了。

「是的……但是……」的方法是委婉的說話技巧，雖然最後你是拒絕他，可是對方會覺得你有接受他的心意，並不會太在意。

84. 讓他成為第三者的立場回答你

「您個人在一星期內，差不多有幾次的性關係？」類似這種問題，不但問的人不好意思直接講，被問的人更是難以回答。像這種市場調查，收入、地位、學歷等等調查訪問，問話的技巧是一大學問，要得到正確的資料，就必須學習各種方法。

就像剛才所提的例子，如果你換個方式問某個婦女：「請問您，與您年紀差不多的一般婦女，一星期可能會有幾次性關係？」把他的身分換成第三者的位置，使她感覺並不是你問她，而是你們在研究這個問題，於是當她把具體的數字告訴你時，這個數字就是她本人的經驗數字，你也就能得到正確的資料。

心理學家最喜歡採用這種「第三者」的方式做各種試驗。除了令對方難以開口回答的問題，可以採用這種方式以外，另外難以傳達的觀念，或者要勸告某人時，也不妨試著這樣講：「大家都說你的做法有一點不妥。」這樣比直接告訴他：「我認爲你做錯了。」要來得較容易被接受，因爲大家是其他的第三者，看法應該比較客觀。

85.有第三者在場時，用暗示的方式提醒他的錯誤

身為上司的人，偶爾也會說錯話，若被親密的人說：「你錯了」，心情就有如參加考試的小學生被評了低分一樣，既懊惱又羞愧。可是又不能假裝沒聽到，常常就會不知所措，無言以對。

我想說錯話是難免的，因此不要在衆人面前指責他以前說錯的話。美國一本婦女雜誌曾報導：「夫婦倆一同參加宴會時，太太說了一句：『我記得你以前曾說這家餐廳的湯好難喝。』……」結果因爲這句話，差點鬧離婚。這位妻子也許只是想提醒他亂下定語批評的毛病，但是她的方法錯了。如果她用暗示的方式：「這家湯還不錯嘛！」那麼先生在心裡已經了解你的暗示，也就不會把氣氛弄僵。

也許有人覺得彼此默契不夠，用暗示對方可能不能理解，不過這一點是可以克服的。在暗示的技巧上要恰到好處，漸漸地朋友的感情可能隨著而增加，於是默契更相通。

86.不要在女性面前讚美其他女性

「女性的敵人是女性」，某位心理學家這樣講。根據研究，女性通常比較敏感，且有時候敏感過分而變成歇斯底里了。有一位女影星就曾說過一句話：「如果妳是一個公認的美麗女人，那麼就注定成爲男性的獵物，女性的敵人了。」

市內一所女子中學新來了一位年輕有朝氣的男老師，他在上課時，因爲習慣每次在講課時，會暫時站在教室的某一處，結果有幾次，他剛好停在第三列位置的女學生旁邊，於是這位女學生以爲老師對她有意思，搞到最後這位男老師要不就站在講台上講課，要不就不停地走，不敢隨便停下來。一學期之後，這位男老師便受不了精神壓力而辭職了。

年輕的女學生愛幻想，對一件事容易一廂情願地掉入幻境中。尤其一位心儀已久的男老師接二連三地站在自己旁邊，難免會自己織出一張網把老師和自己織進去，因此就產生了佔有慾。有時候你和一位相識不深的女孩子逛街，你看到一位非常漂亮的小姐走過，於是讚美地說：「好漂亮的女孩！」通常她們的反應有一半是「那麼你跟她去逛街好了。」因爲讚美第三者，讓她覺得間接批評自己。

87. 讚美女性的內在美

美麗、可愛、魅力等有關容貌的讚美，對女性而言非常敏感。雖然只是外表的稱讚，也會覺得有一絲喜悅。然而讚美本來就不簡單，尤其是讚美女性更難，在她情緒不好時，你的一句「小美，妳今天特別漂亮！」也會讓她覺得「那麼以前天天都不漂亮？」

讚美是出自內心的喜歡與欣賞，並非逢迎或違心阿諛，因此眞心的讚美，除了外在的稱讚之外，不妨讚美她的內在美。我想你如果對一個女性說：「你的眼睛像黑夜的星星那麼明亮，像杯中的水泉那般的清澈。」不如說：「你的舉止高雅，談吐中肯。對了，你都如何進修充實自己呢？」後者這種讚美會使對方喜悅。

一個容貌吸引人的女性，對於外在的讚美實在聽得太多了，如果你細心地讚美她特有的氣質，或者把你的欣賞換一種獨特的讚美方式，相信機會比別人多一半。

88. 讚美他的努力及過程

兒童教育家建議媽媽們：「不要讚美孩子努力的結果，要稱許他的努力及過程。」當小孩子的努力被肯定稱許時，會更加用功，原因也許只是要獲得更多的讚美而已。本來，一件事情可貴的是在它的過程，並不是結局的成功與否。

舉個例子，當你第一次到對方家裡時，看到花園中的蘭花開得非常漂亮，而且整個花圃非常別緻。我想這個時候你最好讚美他：「你大概花了許多心思培養這些蘭花吧！」或「你眞細心，花圃整理得這麼好。」這樣講比只誇他種的花開得好要來得使對方高興。他也許興高彩烈地告訴你：「是啊！蘭花可眞不容易栽培呀！」

讚美他努力的過程，因爲成功的背後，總有一番辛酸的過程，不論結果是成功或失敗，在事情進行過程中，所花費的心力才是要點，否則投機取巧的結果並不值得讚美。

89. 讚美對方想聽的讚美詞

一些風流倜儻的男士，總是受到女性的歡迎與愛慕，原因之一是這些男士特別細心，對女性的讚美，常常是恰到好處，令女性著迷。所謂「女爲悅己者容」，當女孩子帶了一副特別精緻的耳環時，適時地給予讚美，當然是受歡迎的。

當然，先決條件是自己必須懂得欣賞，否則場面會非常尷尬。比如女孩子穿了一件在地攤上買的便宜衣服，你却對她說：「小美，你這件衣服質料眞高級，一定很貴吧！」也許小美覺得你不是在拍馬屁，就是在諷刺她，氣氛便非常不愉快了。又如：小美告訴你她今天戴的帽子是從義大利帶回來的，你却回答說：「怎麼那麼巧，我們公司最近出口一批這種帽子到義大利去。」我想小美一定氣昏了。

前陣子看電視劇，有一位家庭主婦爲了讓先生回到家有所驚奇，不再覺得她是黃臉婆，於是特別燙了一個爆炸頭，穿了一套露背裝，在她先生進門時，還特地轉了一圈，讓裙襬擺動起來。可是他的先生却視若無睹，一臉驚奇（有驚奇），然後一句話也沒說拿起晚報看，可把這位太太氣死了。雖然這是誇張的喜劇，但是留心對方想讓你讚美的是什麼，可以增進讚美的效果。

90. 被讚美時，要說聲謝謝

最近我出席女青年會，參加他們烹飪研習會的座談，其中一位女會員說了一段經驗。「大夥兒都說我會做菜，也許是我的好奇心驅使，再加上我先生的朋友的讚美所造成的吧！他們總是在吃完飯後，對我說：『這道菜好好吃，怎麼做的？』或『你眞好福氣，太太燒得一手好菜。』因爲大家一直說好吃，我也就更加用心學習，做到眞正好吃的地步。」

我們可以想像，這位受到讚美而高興的妻子，一邊哼著歌，一邊研究食譜爲先生做更好吃的菜的情景，她用更細心地學習來表示謝意。通常有許多人，受到人家讚美時，會謙虛地說：「沒這回事！」其實大可不必，因爲這種讚美通常含有外交辭令的意思，你的謙虛有時會令他覺得不好意思而尷尬，謙虛地謝謝而不要否定拒絕他的讚美。

當別人對你讚美時，說一句「謝謝」，或者「我很高興，謝謝您。」將會給對方留下好印象。也許你可以加一句「我也沒想到會做到這麼好……」或「你也做得相當不錯啊！」，很謙虛地表示接受。

第三章 避免引起低落和反感的工作情緒

——上司和屬下之間的說話術

91.指責錯誤時，不要加深他的犯罪感

工作上，碰到上司對你耳提面命交待事情的機會很多；或者身爲上司要提醒監督職員的場合也很頻繁。但是在接受或傳遞這兩方面上需要細心留意，倘若事前沒有仔細觀察、客觀分析就決定行爲方向，往往會把事情弄砸了。屆時，辛苦建立起來的人際關係，在一瞬間就被自己徹底摧毀了。

譬如說：因爲某位職員的估計錯誤，導致公司很大的損失；或是，小孩不小心打破了價值數十萬元的花瓶。此時，如果你是這個職員的上司或是那個小孩的雙親，你要如何處理呢？通常，會有許多人是非常生氣地指責說：「你怎麼搞成這個樣子！」

但是，如此處理可能是個敗筆，這種方式似乎不太妥當，因爲這樣反而把場面弄僵了。當某一個人做錯事時，在他內心裡會有所反省，覺得抱歉、恐慌、不知所措，此時，你如果像攻擊兇手般責備他，那麼他會因爲你的譴責而羞愧難過，嚴重的甚至於從此一蹶不振，無法再肯定自我。或許你可以換個方式說：「從今以後，你自己要多加留心注意。」這樣的激勵效果可能比較好。如此一來，犯錯的一方必定小心戒懼，不再犯同樣的錯誤，而且時常提醒自己以前不曾注意到

的小毛病，適時修正自己。

92.以集體方式糾正女性職員的錯誤

某企業機構的負責人嘆著氣對我抱怨說：「要指責女性可眞難啊！」爲什麼呢？他說：「我提醒一位遲到如家常便飯的女職員，叫她多收斂時，她却認爲：『眞差勁，把我當眼中釘，我又沒大錯，幹嘛這般討厭我。』把你恨在心頭；或者她會認爲：『他是不是對我有意思，故意找機會呢？』等等一些莫須有的誤會就發生了，有些時候，甚至哭了起來，把場面弄得尷尬極了。碰到這些情況，卽使你有很大的耐心和毅力，也是毫無辦法。」

提醒女性職員時，應避免個人式的處理，要採用集團方式，效果較大。

舉個簡單的例子：某一天，公司女厠所的大門敞開著，不知是誰的疏忽忘了關上，這時候，如果你發現是誰的錯失，也不要當面指責，你應當在所有女職員面前向大家說：「今天，女厠所的大門沒關好，不知道是那位同仁疏忽了，希望今後多加留心。」

如此避免直接的、指名道姓的譴責，不但能夠讓那位犯錯者心甘情願地接受並且改過，而且也可免除不必要的憎恨、猜忌與誤會。

93.責罵時須無第三者，誇獎時要在群衆前

古時候有一位俠客，他的屬下將近有一千名。一次，朋友問他：「有那麼多的子弟仰慕你、跟隨你，你是否有什麼秘訣呢？」他回答說：「我的秘訣是，當我要責備某一位犯錯的弟子時，一定叫他到我的房間裡，祇有二個人的場合才提醒他，就是如此。」

無論是輩分較長的人或是上司，都應該有這位俠客的心理認識才好。在大庭廣衆之下被責罵，會覺得很沒面子，那麼多人環視著你，讓你覺得無法再立足下去。有時，挨罵的人會因此消靡不振、自甘墮落，有的可能對你產生反抗或憎惡的態度。在這方面，不僅是上司與屬下的問題，即使親子之間，也應注意，非在必要情況下，最好不要在別人面前責罵。

反過來說，在許多人前被指名誇獎，無論是誰都會覺得高興。比起在沒人的地方誇獎他，喜悅的程度硬是多了許多，這是常人的心理。儘量在只有二個人的場合責備他，在衆人面前誇獎他，這是一種處理的技巧，處理恰當，雙方都受益；倘若處理得不圓滿，容易造成雙方的關係破裂。這在工作上或家庭上都是值得深思的問題。

94.譴責他人時，要謙虛地兼顧自己的缺點

有一位出名的作家，某一天到一所女子大學做專題演講，他劈頭就說：「近年來，國內的女性，平常所接觸的書大都是女性週刊、婦女雜誌之類的刊物，很少接觸層次較深的書本。」他如此不客觀的論斷，引起台下女性聽衆的反感，很不以為然，有許多女學生因而敵視他。這位作家的片面之詞，卽使台下不是女性的聽衆也會想：「我讀什麼書是我的自由，關你什麼事？」像這種演講，演講者居於「上」的姿態，與接受者的關係本就很難溝通，是單向的輸出，受訓者接收的程度是很少的。

當你要提醒對方時，應該把自己的身分拉至與聽衆相等的地位。你謙虛地說：「其實，我也不像別人說的那麼好……」、「我過去也犯同樣類似的毛病……」等等，做如此的表白之後，聽衆容易接受一個經驗豐富的朋友的建議與指責，而不是忍耐不悅地聽你倚老賣老。

像前面提到的名作家，直接主觀地指責，引起台下聽衆的不以為然，卽使他的分析很有道理，演講也不會很成功。如果他在開頭誠懇地說：「我個人也有許多缺點，也有許多該學習的。」或者「我也曾經與你們一樣有段無知的時期。」這樣的謙虛，促成雙方的意識交流，覺得是互相

切磋研究，而不是單向的輸出，女子大學的學生可能給他滿堂喝采哪！

95.提醒他人時，切勿重覆過去的事情

通常被罵的一方是非常不舒服的，然而罵人的這一方也不好過。爲什麼呢？當你看到他犯錯時，就想把以前的事也全盤托出，如此就愈想愈氣，挨罵的人也是一樣。

「看你，以前也有過，現在還是如此……」

「順便告訴你，前天你也是這樣……」

「趁這個時候提醒你，以前……」

像這樣抓到一個把柄就反覆以前的種種，甚至老話重提，嚕嗦個沒完。這種情形在母親責罵孩子時最常見，但是這種方法眞是一點效果也沒有。

當你重覆地提醒對方，挨罵的一方會想：「過去都過去了，幹嘛還掛在嘴邊，增加我的罪惡感。」「爲什麼當時不即刻告訴我！」反抗、憎惡的心理，就產生了。或者他會想：「你本來就對我有了成見。」爲此而愈想愈氣。當你要指責某人的錯誤時，應該在他犯錯的當時提出，不要過了一段時間再提出來；也不要碰著他有錯誤時，反覆過去他犯的錯誤，或是相關的芝蔴綠豆小

事也牽扯不完，這完全是多餘的不智之擧。

96.對犯同樣錯誤的人，要改變提醒方式

一位著名的電影製片人，在某次演出場合上說：「對同樣一個人用同樣一種提醒方式，若無效果，就應該改變提醒的方法。」他對每個演員幾乎準備十餘種不同方式的提醒方法。爲教育小孩而苦惱的母親，應該學習這位製作人的方法。

「我們家的小孩，眞是不聽話。」每一次母親都是用同樣一句台詞來提醒孩子，使得做母親的覺得煩躁，孩子也覺得掃興無聊。同樣的怨言，一而再再而三的重覆，當然會引起對方的所謂「心理的慢性化」，你所講的話當然也就毫無效果可言。就像我們聽到車站裡的播音一樣，單調、一成不變地播著：「各位旅客，請不要忘記自己的行李。」不論播的次數如何的多，會忘的人還是會忘，不會因爲這句話的提醒，而記得帶走自己的東西。

刺激過於單調，效果就顯得薄弱，三番五次地用同一句話似乎應該改變了。當你對孩子說：「要用功呀！」說上五十遍也許都無法改變小孩的壞習慣，不妨換句話說：「一天到晚玩瘋了，媽媽擔心得很哪！」改爲如此，可能較容易留在孩子的腦中。同樣的錯誤，導致同樣的挨罵指責

；相同地，同樣的指責也就會引起同樣的錯誤，這道理是共通的。

97.不要用禁止的方式對待孩子或屬下

「到這個程度可以了！」——應該告訴他容許的範圍。

現在社會上普遍關心到教育的問題，教育上種種問題的探討，也有一段很長的時間了。但是我們看看，最近學校對學生禁止的事項似乎越來越多，從鞋襪的顏色到頭髮的長度等等，都可逐項詳細的列出清單。校方說對校內暴力與惡行的防止是目前的急務，因此用嚴厲的禁止方式也是不得已的辦法。但是禁止的事項愈多，表示抹殺的積極性與創造性愈多，最後，學生會變成別人說什麼，他便做什麼，完全沒有主見。

上司指導屬下或是雙親教育孩子時，教條式的禁止方式並非長遠之計。應該很明確地告訴他：「到這個程度就可以了。」清楚地讓他了解界線。例如你告訴孩子：「太晚睡覺是不可以的。」如此說法不如：「到十點不睡，是不可以的哦！」你將容許範圍明白告訴他，他必會自己留心，安排自己作息時間，到了十點，安分地睡覺。只要你有心改變困境，想想這些奇妙的改變方式，將有意想不到的收穫。

98.想要讓女職員改正缺點時，要誇獎其優點

某一個百貨公司的時裝專櫃，有一時期忽然聽到許多顧客的批評，抱怨售貨小姐服務態度不好的電話與投書紛紛地傳到公司。當時，這個專櫃主任採取了與衆不同的解決方法，產生了驚人的效果。他並沒有責怪那位被客人指名服務不週的售貨小姐，反而不斷地誇獎她，他單獨地面對這位小姐，告訴她：「顧客稱讚妳的態度非常和藹、親切哪！請繼續維持下去。」或「妳對顧客非常殷勤有禮貌，顧客與同事都這麼讚美妳哦！」當下，這位售貨小姐的態度馬上就有了改善。面對客人時皆面帶微笑、禮貌週到、親切，不但改善了自己的缺點，從此專櫃的業務也蒸蒸日上。

這件事情告訴我們如何巧妙地掌握女性心理的教育方法。如果你直接地告訴這位女職員：「妳的這個缺點，必須馬上改善！」那麼她未必虛心接受，認爲你否定了她的人格與生存價值，不但沒有改善缺點，反而產生反抗心理，甚至充滿委屈怨懟地哭出來。倘若你改變方式，即使小小地誇獎她一番，她也會欣然接受，並且精神一振，更積極地在工作崗位上盡力。

當你要改善女性職員的缺點時，切記不要當面直接地指責，反而要對她的長處誇獎一番這種

與上司講話時

被指責錯誤時，應虛心承認。

上司邀請同席吃飯時，應熱忱道謝。

機智的要點

宴席上，忌諱奉承阿諛的語調。

被指責錯誤時，勿顯出不悅 、不服的態度。

巧妙地隨機應變的處理方式，很容易使女性職員發揮她們的專長，同時改善缺點。

99.在辯論、爭吵之後要妥善處理彼此關係

某報刊載一則新聞：「某位處長的屬下揚言要扯他下台……」據報導，這位處長的脾氣非常大，當屬下犯錯時，他馬上氣得像雷公般大吼；但是，奇怪的是屬下都非常擁戴他。因此這則新聞引起一陣不大不小的風波。

這位「雷公處長」雖然大聲地責罵犯錯的屬下，直把他罵得跟個洩了氣的皮球一樣，但是事後，他會叫這個屬下和他一起吃頓飯，並且安慰他：「就因爲我覺得你有希望，並非無藥可救，所以我才罵你、提醒你。」他這種爽直豪邁的作風，眞有如古時候的俠客，不虛僞掩飾，充滿活力熱忱，讓屬下愛戴。夫婦之間的相處，在討論事情、爭吵之後，要如何達到互相體諒、互敬互愛的境地，也是要靠事後巧妙地處理。

相處在一起久了之後，往往爲了一點小事就莫名其妙地爭吵，甚至起了衝突大打起來，雖然並不嚴重，但是對彼此的感情都是有所傷害的。因此值得注意的是在吵完、打完之後，兩個人在氣頭上，一個說：「今後，我不要看到你。」另一個反嘴：「我也是！」經過三天三夜，這種尷

尬狀態持續不下，兩個人誰也不願先道歉，這不是很糟嗎？倘若當時其中一個人撥個電話給對方說聲對不起，對方也說自己也有錯，然後誤會冰釋，僵局融解，兩個人再度握手言歡。可見，事後的處理態度可以影響整個局面。

100.要雙方兼顧，不要只提醒某一方

我有一位好友，多年來一直被家中的婆媳問題困擾著。原因是他結婚後，仍與母親住在一起，而他的母親與妻子都是個性非常倔強的人，二人說起話來往往針鋒相對，堅持不下，因此他夾在中間，情況很慘。在一個機會裡，他學習到一套處理婆媳問題的妙方法，那就是有問題發生時，他客觀正確地判斷誰是誰非，然後提醒那位錯的人，當然爲了怕另一方會幸災樂禍，隔天他也得挑個問題找另外一個談一談，儘可能做到公平、正確而又圓滿的解決。從此，他不但把家庭氣氛整理得很和諧，自己也不再受夾心之苦。

婆媳問題這樣處理，兄弟、同事、同志，甚至情敵間也該如此處理。二個人同一期進入公司，對方比自己能幹，自己已經非常敏感了，如果上司在譴責錯誤或褒獎上不公平、客觀，那他心裡會覺得待遇差太大，而變得更不痛快了。當你要責備犯錯的一方時，不要忘記順帶提醒另外一

位；褒獎一方時，也要記得誇獎另一位。這種正確判斷，公平對待而面面俱到的處理方法是有效的。

101.被上司責備時，要承認錯誤而且道歉

有一位作家描述他當年從事記者工作的一件往事：在某天夜裡，他四處遊蕩喝酒，沒有和報社聯絡，報社也不知道他在什麼地方。突然有重大事件發生，報社裡找不到他的人，急得手忙脚亂，而他却正在某個酒館裡喝得酩酊大醉。隔天他打電話到報社，社長劈頭就罵：「你這個糊塗蛋，差點把新聞漏了；還好臨時派了另一位記者去採訪，從今以後，你再也不必回報社了！」「拍」一聲，把電話掛斷。這個作家急忙趕到報社向社長道歉、賠不是。因為他的態度非常眞誠，上司怒氣稍降，稍後答應他的請求，讓他再來上班。他眞心地覺得自己錯，並且態度誠懇地道歉，不但使自己保住飯碗，報社社長與同事對他充滿了好評。

最近，年輕人常常在自己不對時，不但不認錯，反而還埋怨對方。當上司指責你時，即使整個批判並不完全正確，你也應該先賠不是，凡事先講聲「對不起」是不會錯的。你如果吊兒郎當地回答說：「事實上，這不是我的錯。」，或是很不服氣地說：「怎麼樣？」結果吃虧的是你自

己。

先說「對不起」是敬業精神的表現。如果你有必須要講明和解釋的事，等待雙方都冷靜的時候，再進一步解說，上司有所發現時便會說：「這樣嗎？那是我的疏忽了。」屆時場面非常愉快而自然。

102.被指責時不可一臉的不高興

提醒他人的錯失或是被提醒的人，都有高明和笨拙的二種不同方式。例如，當你被提醒有錯誤時，只是一聲「對不起」、「非常對不起」，然後沉默不語，這並不是最聰明的方法。

雖然挨罵的一方在內心有反省，但是這般沉默的態度會令上司懷疑，懷疑你是否在做無言的抗議，是否有自我反省。你內心反省的事，覺得自己那裡犯錯不應當等等，都應該表達出來，並不是只賠不是就夠了，如此上司對你才會有良好印象。

因爲你沉默不語，沒有任何反應，會令上司有不安的感覺，覺得如此譴責你是否應該。解除他不安情緒的方法，就是你明白地說自己正在反省檢討，不要將懷疑納悶的心態用漠然的表情顯示出來。有句話說：「沉默表示心中充滿怨恨。」因此指責你的上司會認爲你明明犯錯，却不承認，還用沉默來表示抗議，而把氣氛弄僵，此時你適時地做一些反省的表示與解釋等等，就能化開僵局。你並不需要拉里拉雜地扯很多，彼此都覺得很適當即可！

103. 愈難表達的事情，愈要早點說明

研究室中忽然跑進來一位學生，跟我講了一長串並不很重要的話，由於多年當教師的經驗，我很快地猜出他的用意。他當然不是喜歡和我講話，也不是想跟我親近，他只不過是要說：「對不起，我的報告來不及，改天補繳好嗎？」或是「請原諒我，因爲……」等等罷了。但是，這位學生講了一大堆無關緊要的話，或者講了一長串藉口，就是沒把重點和意思表達出來，總要我給他一個救生圈，幫助他把要說的話說出。把寶貴的時間浪費在這樣的事情上，實在划不來。

重要的文件丟掉、工作進行不順利等失敗或壞消息總是很難開口報告出來，但是一拖再拖會更難開口，而且繼續隱瞞下去，等上司自己發覺時，情況更糟。即使非常困難說出的事情，也要鼓起勇氣，儘快地講出來，這是將你率直的辦事能力讓上司了解的好方法。

104.有把握的事，低聲說出即可

有句話說：「眼睛像嘴一般會說話。」講話時，聲音的大小、語調的急緩，加上手的動作表情都可增加表達效果。我們可以發現，當一個人興奮得意時，講話的聲音總是很大或是趾高氣揚；而當一個人失意或情緒低潮時，聲音就低了下來。流氓威脅人時，故意用狡黠低沉的聲音，這是與我們講的不同的。在會議廳上、辯論的場合，音量大可能會獲得注意或勝利，但是如果要說服別人時，音量大不把人嚇跑才怪。聲音大好像脅迫一樣，給對方不安的壓力，因此你的說服會不會成功，可就難說了。

說話不僅要看場合，說話的音量大小也要看場合，而做最恰當的調整。說服他人時，最好將音量放小，表示誠懇的態度，如此才是上策，因爲對方在安靜、平穩的氣氛下聽你的話，可能較用心接納。

責備某一人時，偶爾看情況改變一下大聲叱罵的方式，而用低沉的語調加以指責，更會令犯錯的人低頭反省，覺得羞愧呢！

105.對上司長官多用「請多指教」的態度

古時候有一個巧媳婦與婆婆之間的故事。這位賢能的媳婦總是常常請教婆婆一些小事，即使有時她知道該如何做，也會謙虛禮貌地詢問婆婆。比如說：「媽媽這菜的調味如何放啊？」或者是「房間如何佈置？」等等，婆婆絕對不會這樣回答：「哦！煩死了！」因爲你的請教，提昇了婆婆的優越感，也溝通了你們的情感，婆婆自然對妳疼愛有加了。

不僅對婆婆的請教態度要謙虛，對上司也應如此。在許多場合用謙虛的請教態度，可獲得很好的回答，比如你在路上逛了半天，就是找不到想要走的那條路，此時，你小聲地詢問交通警察：「對不起，請告訴我××路的方向好嗎？」這樣謙虛地請教，會得到殷勤的指示，直到你明瞭爲止，當然你別忘了說聲「謝謝」！

請教時，態度誠懇是必要的，但是對於芝蔴小事或是並不需要詢問的問題，最好自己解決，否則有拍馬屁之嫌，或是令對方看不起你。對長官、上司的請教，是要引起他們的優越感，覺得自己受到尊重，而並不是表示自己的愚昧無知。

106.卽使很難開口說「不」，也要說出來

有一個人想要請一位非常有名的學者演講，於是他就打電話給那位學者，開始他想：「這位學者名氣很大，可能不會答應吧！」結果出乎意料，這位學者回答說：「嗯……什麼時候……再說吧……」他非常高興，以爲有了希望。三天後，他再撥了一通電話過去，學者依然回答：「嗯……什麼時候……再說吧……」當他打第三通電話時，學者竟然生氣地在電話中罵他：「我覺得你非常愚笨！」

在這裡我們要明瞭，那位學者認爲他的回答：「嗯……再說……」是一種婉轉的拒絕，但對方不能明白，竟然接二連三打電話來，眞是愚笨！當然，這位學者並沒有很明白地說出拒絕的「不」字，但這種傳達方式導致雙方都不愉快。當今許多人也常常會犯像這位學者的毛病，總含糊、模稜兩可的回絕，有時考慮面子問題，或怕傷害對方自尊等等，顧慮多多，然而一拖再拖，讓對方有所期待，結果最後失望更大，如此，時間的浪費與失望將使雙方均感懊惱。尤其在業務上，說「不」的機會很多，卽使很難開口拒絕，也要在當時鼓起勇氣回答或提出。委婉適當地說「不」，是一種敬業精神的表現。

107.多用肯定語句，少用否定型式

「這樣的工作，眞沒意思……」

「卽使工作進行得順利成功，好處也是別人的……」

「所得到的，只有疲勞罷了，算什麼……」

像這種盡是發牢騷、到處潑冷水的人，他說的話全是否定型的，結果是不但自己覺得無聊，也影響周遭人的情緒。在需要大夥同心協力的工作場合，有這種人說這種話，眞是有百害無一益。

雖然他沒有察覺自己的話都是否定的，但是在工作場合，實在應該避免此種情況發生。例如你說：「這很困難吧？到底能不能成功，還不能確定哪！」這種打擊士氣的消極說法是不好的，倒不如這樣說：「我盡力而爲，盡全力試試看。」如此肯定的支持對工作效率是有很大助益的。同樣一件事，用肯定的講法就顯得積極，周遭的人也受影響而更同心努力了。

與人相處也是同樣的，當你告訴別人：「哦！跟他在一起多麼快樂啊！」不但你覺得高興，那個人更是喜悅。凡事多用肯定自信的說法，對整個事情有意想不到的幫助，一天到晚抱怨發牢

騷的悲觀者，不僅否定自己，也是不受歡迎的。

108.使用簡單扼要的表達方式

有一位外國教師對我說，他第一次到日本時，覺得無法適應。他舉個例子說：有一首叫「啊！玉杯裡」的歌，開頭唱著「啊！玉杯裡插著花，綠酒裡有月影」，沒有告訴聽衆到底誰在玉杯裡插了花，這玉杯的主人又是誰等等，直到最後一句「王寮的建兒意氣高昂」，聽衆才能曉得整首歌的內容意思。

當然，卽使是我們，也很難了解這首歌到底在講什麼，因爲它的內容一下子飛東，一下子又飛西，語意並不很清晰，讓聽者如墜五里霧中，摸不透。時常有人打電話給我，在電話裡，他從天氣的寒暄開始，一直談些不關緊要的話，什麼最近你好不好啊！忙不忙啊！扯了半天也沒把重點講出來，我呢？也不知道他到底在說什麼？到底是要我幫什麼忙？其實，他只要一開始禮貌問候之後，就告訴我要請我去演講，則我也能馬上回答他「可以」或「不可以」，如此彼此很快地傳達了自己的目的與意願，不是很好嗎？

用最簡單扼要的表達方式，可以免除不必要的麻煩，尤其愈複雜的事情愈要扼要地說出重點

與屬下談話時

交待屬下辦事時要說：「對不起，麻煩你了。」

不要忘了安慰他一句：「你辛苦了！」

機智的要點

卽使上司的意見是無聊的，也不可說無聊。

上司用「我年輕時……」來壓迫你時，也要接受。

，這樣，對方才能迅速地了解你的意思，正確地回答你的問題。

109. 打電話時，應禮貌地問：「現在說話方便嗎？」

出了好幾本書之後，有時會接到一些讀者的電話，說些他們的心得感想，或者是向我詢問一些疑問，有的甚至告訴我他要出書，請我建議較好的出版社等等，不一而足，形形色色，我好像變成生命線中心了。當然，我接到電話，是盡可能給予讀者滿意的答覆，但是，有時候也是窘得很。譬如：當時我剛好有客人來訪，或者有要事待辦，想簡單扼要地回答他，這位讀者却是話匣子一打開沒完沒了，我心中發慌，偶爾沒禮貌不客氣的話就脫口而出，弄得很尷尬。因此我認為，如果這位讀者打電話給我時，能事先詢問我：「請問您現在有空嗎？我想請教您幾個問題？」如此客氣地徵求我的意見的話，即使當時我有客人在家或是有事待辦，也會回答說：「好啊！我現在有一點時間。」並且仔細地回答他。

當我們拿起話筒時，總是在自己方便或想打電話時，我們是否曾經想到接電話的一方方便與否呢？我們希望別人打電話來時，能徵求自己的同意，那麼同樣地將心比心，想打電話給他人時，也應該考慮一下對方的立場，並且問一聲：「對不起，現在和您談話方便嗎？」

110. 打到公司的私人電話，交談要有禮貌

有一個人對我說了一段他在職公司的小插曲，我覺得很有意思：他們公司新近來了一位既漂亮且聰明的小姐，沒多久，便成了所有男職員注目的焦點，大家喜歡看她靈巧的一舉一動。有一天，她學生時代的朋友打電話到公司找她，也許她們太久沒聯絡吧！這位小姐好像回到學生時代般，不但談吐輕佻，舉動也不優雅，語調更是如入無人之境一般。看到這情況，所有男職員全部驚愕了，呆呆地望著她。不久，這件事傳開來，公司的職員對她的評語立刻下降。

一個人表現在公事上或許非常成功，但是私底下的行爲，才是眞正的自我。即使是好朋友打來的電話，妳也應當有禮貌、有風度地回答，並且留意著時間，不要公事私用。隨時注意自己的行爲態度，不要祇是一個虛僞的表演者。

111. 接聽重要電話時，須扼要地記下重點

電話雖然是非常便利的傳達工具，但是英文有句諺語：「在電話裡要說明白是很難的。」

兩個人面對面地交談，可以看到對方講話時的表情、動作，即使不完全聽清楚他在講什麼，從他的手勢姿態猜想，總也可以八九不離十。然而，在電話中交談就不一樣了，即使電話那端比手劃脚，急得滿頭大汗，這端的你聽不懂還是聽不懂。

經常我們會接到重要的電話，在掛下話筒那一刻，感覺到好像那一點記不大清楚，或者有那個地方遺漏了，直擔心有所差錯。預防這種情形的最好辦法是，當你接到不論私人或生意上重要電話時，應該將重點順手記錄下來，不清楚的地方，請對方重述一遍，等全部記下之後，將所記的大綱唸出，問看看對方交待的是否有遺漏，倘若沒有，那麼這通電話可以說接得很成功。

較容易聽錯、記錯的電話號碼、地址之類的，更應該要重複一遍說清楚。雖然，這麼做似乎有些麻煩，但是有效的利用方法，才能增加效率與正確性。利用電話的便利，應當注意增加它的準確度。

112. 做報告時，先把結論講述一遍

報紙新聞稿有一種撰寫方式叫「倒敍法」，就是先將事情的結局在第一段交待清楚，再陳敍過程。例：「十三日深夜二點，××工廠第二倉庫發生火警……」至於火警發生的原因，現場慘

狀，財物損失的細節，在第二段以後，再做詳細的描述。這是針對現代忙碌的工商業社會所產生的一種報導方式。

報告也應該仿效這種新聞報導方式，公司裡做簡報時先將結論做綱要式的報告，再把細節、方法有系統地說出，如此不但顯得辦事有條不紊，而且聽的人也容易明白。舉個例子吧！有時候詢問他一些問題，對方支吾了半天，前因後果全都說了，就是沒把問題癥結講出來，最後，越講越離譜，聽者不知所云，說者也莫名其妙。

在現代忙碌的社會生活裡，時間就是金錢，一刻也不容浪費。報紙有極短篇，而我們處理事物時，採取精簡快速的方法，不但可以增加工作效率，更可節省許多寶貴的時間。

113. 聽到有人叫你，回應時眼睛要注視對方

我們經常可以在電視劇上看到這種情節：晚餐席上，妻子不斷地與丈夫講話，時而問東問西的。這位丈夫通常只是「哦……嗯……哦」地回答著，眼睛却緊盯著電視螢幕，這時候妻子生氣了，便大聲說：「你到底有沒有在聽我講話啊！」結果家庭戰爭就開始了。

其實，這位先生可能有在聽妻子講話，只不過他的舉動沒有表現出「我正在聽你講話」的樣

子罷了。他的回答讓妻子以為先生在敷衍她，沒有用心聽她的話。假如做先生的，偶爾抬一下頭注視妻子，聆聽她的內容，做個手勢、表情等等，都足以表明你正用心在聽。

辦公室裡，聆聽上司交待公務，當然不敢稍有疏忽，但是同事、朋友間亦應注意這個問題，也許你犯有這個毛病，但是却未曾察覺。當你正在忙著埋頭苦幹時，有人喊了你一聲，你頭也不抬地「哦」了一聲，常常令對方覺得你冷傲不群，或是不尊重他人。如果你實在很忙，也應該抬起頭，問對方有何事，或者叫對方稍微等一下，說不定背後叫你的正是要加你薪的上司呢！

114. 重述交待或約定的重點

童年時，我們經常玩一種叫「傳電報遊戲」的玩意兒。好幾個小孩排成一列，從第一個人開始，在第二位耳朵旁小聲地傳述一句話，一直傳下去，看看那一隊傳得比較快又比較正確。通常傳到最後時，原意已經走了樣。人的記憶眞是不可靠，從這個兒時的遊戲可見一斑。

軍隊中有一種規定：士兵在接受長官的命令時，必定要立刻口述一遍，這是為了要提防錯誤的做法。因為若聽錯時間或地點等，將發生導致作戰失敗的危險。因此在軍隊中，這項規定是要嚴格遵行的。在日常生活中，上司口頭交待公務，如果在上司面前，自己重述一遍，可能減少許多錯誤的產生。

古時候有一則故事說：某人約定朋友下午五點在河堤下見面，結果那朋友一直沒來，他在河堤下直等到夜深，突然河水暴漲，這個守信的人竟然被水淹死。當然我們覺得這個人太固執了，可是，如果排除其他因素不談，他們都正確知道是下午五點見面，可能就不會有悲劇的產生了。「明明說好七點的電影，老王怎麼還沒來？」這種情形也可免除。

115.事先準備好記事便條

一個能幹的秘書或是成功的書記，有一個辦事秘訣，那就是上司交待事情時，在事先準備好的便條或在記事簿上記下摘要，不但可以清楚地把交待的事完整地記下，也可以增加自己了解事情狀況的程度，辦事當然更具效率。

當上司主管正滔滔不絕地講工作重點時，你却說：「請等一下。」然後再慢慢地取出紙筆，那你就反應太慢了，上司也可能因此而不悅，給你當頭棒喝。有人形容說，當講話講到一半被意外打斷時，就好像投手在棒球賽中被對方打了個全壘打一樣，感到洩氣，只能無奈地看對手興高彩烈地繞完一圈奔回本壘。這雖然形容得有些誇張，但是也不可置否，人並非錄音機，講到這裡聽不懂，便再把帶子倒回重聽一次，也不能想按暫停鍵就按的啊！

當你正走向主管的辦公室時，別忘了隨手帶著筆和記事簿。

116. 預先約定見面時間

擔任教師的工作，不僅是傳道、授業、解惑而已，有時得應付學生各種突如其來的問題。平常我坐在辦公室時，學生總會跑過來問「老師，我可以和您商量嗎？」小學生總是較令人心疼與不懂事，但是令人苦惱的是，十八歲以上的大學生也會如此冒昧，有時他們甚至是頑皮地纏住你不放。

我曾執教於日本某女子大學，以前是美式傳統，承襲了美式的教育制度。比如學生要求與教授單獨見面時，須在兩星期以前預約，見面時間、地點、所需時間等等都要一併預約清楚。這給人的感覺似乎是很冷酷，但是教授有許多學生，也有許多研究工作，而且雙方有充足時間仔細想想要面談的事情，在見面之時，必定能達到雙方都滿意的地步。與重要人物見面，或是邀請重要人物演講，都應該做好預約時間日期的工作，如此不但能確定是否有機會，也可以增加成功的機率。

在這分秒必爭、忙碌的社會裡，爲了彼此的方便，請提醒自己做好預約的工作吧！

117. 留下查證的「證據」

在我年輕時，有一位作家前輩告訴我：「一個寫文章爬格子的人，對於稿費一定要在交稿或約稿時敲定，無論如何，一定要留下『證據』。電話中或口頭上彼此講好了，但是時間一久，對方也許因爲忙而忘記了或記錯了，經你一提醒（厚著臉皮）可能會記起來；如果碰到存心賴帳的，那可就沒輒，只好自認倒霉吃虧了。因此，如此雖有失文人之風，也是無可奈何。」

現在我常常被請去各地演講，規模較大的公司，或是政府機關學校，都會寄邀請函，並且打電話來確定。而我也由於要安排時間與準備資料，就藉著這些看得到的「證據」，不慌不忙地準備。

118. 要信任你託辦的人

人生在世，總不免要請人幫忙的時候。一個人的力量是薄弱的，卽使不喜歡開口求人的人，在遇到困難時，心裡也會想著：「此時，多希望有人伸出援手啊！」請人家幫忙時，會想：「爲了自己而拖累別人，增加人家的負擔。」而覺得過意不去，這是一種類型。另外有一種類型是，需要人家幫忙，卻不信任人家，沒事就撥個電話：「我拜託你那件事，辦得如何了？」「那件事進行到什麼程度了？」等等，眞是討厭透了。拜託別人辦事，當然會擔心結果怎樣，但是詢問時應該有技巧些，比如：打通電話問問不相關的事，順便提一下託辦的事，或者關心地探詢、禮貌地道謝，如此對方必定會盡全力幫你辦的。

信任的態度、感謝的話語，都會使你獲得更多、更好的幫助。

119. 提出代案建議

在公司，經常會碰上難以拒絕的場合。當自己非常忙碌時，上司忙不迭又跑來交待你一件公事，這時候，怎麼辦呢？直截了當地拒絕「不」，還是勉爲其難地接下呢？

「眞抱歉，這件工作我急需要處理完，現在眞是抽不出空。」

這是非常有理由，並且婉轉地拒絕，但是，上司可能不高興。因爲他認爲上司交待職員辦事，怎麼可以拒絕？那些都只不過是推卸責任的藉口罷了。

當上司交待的事不能接受時，最好提出代案建議。比如你可以告訴上司：「今天實在沒辦法，明天吧！明天下午等我把這檔案整理好再說。這件事急不急呢？」屬於自己份內的工作永遠無法逃避，敬業精神的表現並非圓滑阿諛，而是純熟地面對問題。

120. 謙受益、滿招損

「謙受益，滿招損」是古來之至理名言。有時上司或自己的主管並非比自己能幹，因爲其他因素而職位比你高，這使你輕視主管。其實，學有所專，說不定主管是公司創業的元老，或者非常有實力而你沒發覺罷了。

倘若你有非常好的草案計劃，興沖沖地報告給上司聽，希望他能採用接納；然而意外地，上司不屑地揮手叫你走開，如此被蔑視，心想：「不幹了，幹嘛這麼窩囊！」同樣地，假如屬下趾高氣昂，一副「你得聽我的」態度，向上司做報告，語句裡儘是影射上司無能，自己有辦法，我想，你的計劃不但很難獲批准，上司還可能叫你走路呢！

「對於這個草案，不知主管有什麼更好的建議……」

「這第三個方式有些瑕疵，請主管修正一下……」

——提醒和指責他人時

提醒女職員時，勿用個別方式，應用集團方式。

勿在大庭廣衆之下責備某一個人。

機智的要點

勿用和他人比較的指責方法。

不重覆陳舊濫帳。

既然能在一個公司裡當上主管，相信他對於自己所負責的部門，一定有自己的一套，虛心地討教，不但能增加辦事的成功率，對自己也是一種學習的機會。

121. 尊重別人的意見

約會時，男孩子向女孩子說：「我們去看電影吧！」他很興奮地講。沒想到這女孩子一口回絕：「我不喜歡看電影。」當時，這男孩子失望極了，結果兩人鬧得不愉快，只好各自回家了。

別人當著你的面表示你的建議非常無聊，這眞是很傷自尊心，經常被如此打擊後，此人將會消極地認爲「還要說什麼？」或「不管了，關我什麼事！」等等，用沉默以示明哲保身，其實這是失去自信心的現象。在美國，某公司裡有一種叫「動動腦」（idea）會議，會中禁止使用「無聊」、「眞滑稽」等等話來刺激他人，思路被打斷或者主意被輕視，誰還動腦呢？動腦又能想出什麼奇蹟？

中國人總是太在意面子問題，怕得罪對方，怕對方沒面子下不了台。但是遇到屬下或者親密的朋友，便恣意起來，常常不給對方面子。如果不認同就直接地回絕和對方共同檢討，千萬不要用不屑的口氣說：「你的話眞無聊！」

122. 用商量的方式

一般身爲上司的人，經常會指著某一位職員說：「你去做那個！」或「這個要如何做才對！」一副命令的口氣。其實不妨換個方式：「請你幫一下忙好嗎？」或者「這種做法，你看好不好？」把身分降至與職員平等，用商量的語氣可能較好。

上司如果用命令的壓力交待屬下，屬下有時會產生反抗心理。因爲屬下認爲「我們的人格平等，只不過你的職位比較高罷了」。況且，如此做可能產生毛病，屬下不盡全力辦事，或者他明知有差錯也不避開，造成公司的損失。管理本來就是一門大學問，在公事上，有效的管理方法是商場上的另一種競爭。

了解員工心理，並且巧妙地運用，對業務將會有更大的助益。給他一個考慮的緩衝，和他商量，都是增加工作效益的管理方法。

123. 設身處地為他人著想

職業教育裡，有一門課程，心理學上叫「角色對換演技法」。方式是將課長與職員的身分對調，讓兩者親身飾演二個角色，然後自我反省。這種教學法可以讓學生學習到如何設身處地爲他人著想。

有句話說：「人不爲己，天誅地滅。」這眞是自私者的最好寫照。生活本來就有個人的生存價值，尊重別人，相對地也會受到尊重。如果上司找屬下幫忙時，理直氣壯地說：「喂！幫個忙！」聽起來不但冷酷且沒有誠意；倒不如換個口氣說：「小李，請你幫個忙好嗎？」或者說：「勞您的駕……」等等，氣氛不是融洽多了嗎？當然上司交待屬下工作是理所當然，但是尊重屬下的立場，了解屬下的心理，是造成工作場所和諧的要素。

設身處地爲他人著想。「今天，我要是換成他，我將做何感想？」如果凡事只從自己的立場處理，並不能將事情處理得圓滿，換個角度，別把對方忽視了。

124. 說服的技巧

一位從來不聽錄音帶的老小姐，有一天竟然帶回來一套「法語速成」的教學錄音帶，那位推銷帶子的業務員，到底用了什麼巧妙的言語來說服她，繼而讓這位老小姐甘心地解囊掏出荷包？

話說這位老小姐在茶館裡喝茶，就那麼偶然，推銷員與她閒聊起來。

「您覺得法國電影如何？常看法國片嗎？」

「凱瑟琳・丹尼芙（法籍女明星）啊！我最欣賞了。」

「這法國語言眞好玩……」

就如此一步一步地，把話題帶入他的目的裡去，而一開始，誰也看不出他是要推銷東西，甚至買下來之後，還以爲獲得了一個熱心者幫助呢！

這位推銷員用話家常的方式來說服顧客，他所利用的是攻心學上的技巧。一開始，讓對方產生親切感，對你不設防，然後從談話中了解對方的看法，使他對你的話產生信任、贊同，當話題正式開始時，對方已經連續點頭說了好幾句「是的」、「是的」了。說服他人時，就是如此，對方同意你的看法之後，當然他會接受你的建議，或許這也是人性的弱點，但是說服他人時，最好從對方有興趣的地方著手。

125. 對憤怒的人，不要火上加油

「一個正在氣頭上的人，就像一頭獅子，話說不對，隨時會被咬一口。」這種說法雖然有點

誇張，但是也不無道理。憤怒容易使人失去理智，當他自我控制不了時，行爲可能一反常態。這個時候，你要是嚴肅地指責他說：「你幹嘛生這麼大的氣，又沒人惹你……」或「你也不對啊！老是說別人……」我想這有如火上加油般。他的頭上已快冒出火了，你還硬澆上一桶油下去，場面可不好收拾。

無論是誰，都不喜歡生氣，也討厭別人生氣。雖然覺得有時爲那種事生氣眞是不夠大方，想想人家宰相肚裡能撐船，自己肚子裡的水似乎連洗手都不夠，但是，也有那個時候，硬是拉不下自己的臉不生氣。此時，多希望有一個了解自己情況的人，安慰一下或使自己冷靜下來。所謂旁觀者清，自己希望如此，當別人憤怒時，你是否也該如此做呢？那是必然的。

正憤怒的人像獅子，殷勤安慰他不就成了捋虎（獅）鬚嗎？其實不然，只要你順著他的情感，做適當的安撫，那麼使一頭暴跳的獅子冷靜下來也不是難事。

126. 對女性職員也要一視同仁

企業管理中最令人頭痛的是女職員的問題。這並不是說女職員毛病多，而是在現今這個提倡女權運動的時代，常有一些過火的女權擁護者以及目前規模制度較完善的大企業，都致力於女職員的在職教育及工作訓練，使得女性職員的問題，愈來愈嚴重。例如：我有一位在汽車公司當營業課長的好友，他每次見到我總跟我訴苦：「現在年輕小姐，眞難懂啊！你責備她她就哭，誇獎某一個人，其他的就對你生氣。」他說如果繼續下去，有一天他會發瘋。

古語說：「孩兒不知父母心。」爲他們好，他們不了解你用心良苦，有時還被誤會。女孩子某些時候就跟小孩兒一般吧！我的朋友說：「前幾天，他看到二位在櫃台加班的女職員還在結算賬目，就走過去對她們二人說：『可以回家了。』當時，二人面無表情地看我一下，又埋頭數鈔票。她們的臉色好像在對我做無言的抗議：『爲什麼別人可以留下來加班，我們就不可以？難道我們能力差，還是沒有工作熱忱。』我的一片好意似乎被認爲是輕視，眞是尷尬極了。不過事後我想，如果我說話口氣好一點可能就不會產生這種誤會：『每天都這麼辛苦，今天早些休息吧！』如此附帶慰勞的措詞，他們也一定會接納。」

其實，女性職員並非令人頭痛，而是在管理態度上採取一視同仁的方法，才是經營管理之道。

127. 在公共場所，尊重自己親密的朋友

某財政官員的夫人，從國外引進了一批裝飾物品，想要成立一個進出口貿易公司，於是他就請自己的丈夫向銀行說服讓她貸款。但她的丈夫却冷冷地回答，並不怎麼熱心地幫她。這位夫人覺得丈夫太不給她面子了，卽使不幫忙，也不要這般無情地回答啊！

關係愈親密，愈要留意說話時不要傷害對方。常常我們會因爲相識太熟，或者夫妻之間，說話的口氣態度很不考慮，因此也常造成朋友失和或夫妻鬧彆扭的情況。也許這位財政官員只是想讓他的夫人明瞭：「公私分明，我不能用權力來做私人的交涉，妳要我幫其他忙可以。」但是却用冷冷的表情和不禮貌的話語，使他的夫人受到刺激。

在公共場合，對親密或很熟的人講話，應該保留對方的立場，同事也是如此。當我們在私人場所，彼此不拘小節，談笑風生，甚至開開玩笑地胡鬧一番也無妨；然而，在公共場合，對陌生人都要尊重，更何況是與自己親密的朋友呢！

128. 不要用壓迫性的語氣及態度

在餐廳或旅館，我們偶爾看到某些客人態度惡劣地指責女服務生：「這茶杯怎麼這樣髒啊！」或「快，給我換一個房間。」等等命令式、不客氣地吼著。這些衣冠楚楚的紳士淑女，穿戴高雅，言行舉止却令人大爲反感，與一般人比較起來，更覺得沒有氣質風度。

一些自命不凡的人，面對人講話，以爲自己是偉大人物，滔滔不絕地講了起來，也不管旁邊的人是否在聽。而且更有一種暴發戶型的，對人講話，口沫橫飛，態度惡劣，如果是公司主管，必定會令員工產生厭惡感。

本身立場比對方強時，說話態度應忌諱以壓迫命令的方式，尤其應顧慮到禮貌。我任教的大學裡，有一個老工友，每次遇見他時，我總是禮貌地向他打招呼：「老王，這麼辛苦，應該多休息休息，可別累著了才好。」我沒有任何企圖與目的，但是平常我的研究室和室外的小花圃總是比其他地方乾淨整潔。

129. 讓老人回憶年輕時代

作家比爾第在他的「失眠夜」這本書中提到：「年紀大，就應該把過去的怨尤、後悔忘記……」他的意思是提醒老年人不要緬懷過去，也不要活在過去痛苦的回憶裡。但是，老年人却是很難忘記過去的事，畢竟年輕是每個人最值得回憶的一段時光。當我邁入六十大關之後，夜裡時常「夢回當年」，白天學生要是在課堂上問起我的過去，我總是打開話匣子：「那時候，老師才二十出頭。」

每個家庭裡總會有年紀六十或七十歲的長輩，年輕人與他們交談時，總認為有「代溝」存在。其實，你何不以他為話題，聽聽那個屬於他年輕時代裡，遙遠而却難以忘懷的事呢？例如：「您那時候一定也非常活躍吧！」「爺爺，快告訴我，那時的學校情形，你在學校的生活。」這樣地勾起他的回憶之箱，如此所謂的「代溝」，立刻消除一半，彼此的關係也更親密哪！

有些學生，總不屑於聽這些老教授的話，他們認為這些教授只不過是在記憶自己光榮的過去，腐朽得不能接受現代觀念。這種不尊重的想法實在令人遺憾。屬於以往的年代裡，有太多值得我們學習的，撇開教學不講，與老年人談話時，應儘量讓他緬懷逝去的、屬於他那個時代的故事吧！

130. 讚美他人時，要誠懇大方

有些人非常厭惡奉承別人，認為那是阿諛，有所企圖，我想，眞是這種人，我們也會不歡迎；但是適當地奉承，眞心的讚美，是促成人與人之間關係融洽的潤滑劑。雖然話中帶有奉承阿諛的意味，聽者仍不免會暗暗竊喜。

不過，有些讚美的話，明顯地含有譏諷意味，那可就不是讚美而是諷刺了。眞正的讚美，應該是發自內心的尊敬、崇仰，自然地用言語的形容來恭維他，這種恭維是眞誠大方的表示，既不是逢迎的諂媚，也不是虛僞的自欺欺人。

131. 巧妙的讚美

讚美是很難的，講不好，會被認爲是逢迎。讚美在說話的藝術上，佔有極重要的地位。

學個例子說：要讚美一位品學兼優的學生，若你這樣說：「哦！你好棒！聽說你非常用功。」，八成他自己聽過不下百遍，這種讚美似乎也不算是讚美了，在他聽來，說不定認爲你是不擅逢迎却又要討好他的呢！一句「又來了」馬上讓你下不了台。當然這位品學兼優的學生，似乎也不怎麼「兼優」。倘若你的一句讚美話是他沒聽過的，或許那種興奮硬是不一樣。例如「我覺得我應該多向你學習」，彼此以互相砥勵的態度讚美，更會增進友誼。

自己未曾注意到的優點，經別人提出來讚美，不但覺得特別高興，而且從這個誠意的讚美，對自己有更進一步肯定，及更謙虛地評價。做個巧妙細心讚美他人的人，誰不歡迎？

第四章　肯定自我的機智說話術

——在人前講話不再是痛苦的事

132. 演講前的服裝整理

敎師的職業主要是講話，而且是在人前講話，因此有些人以爲老師都很會說話，其實不然。沒有人天生就很善言辭，現在我常被邀請去演講，多年的敎師生涯使我站在台上比較不會緊張。演講的成敗有許多因素，我發現有一點常被忽視却很重要的因素，那就是演講者的服裝。

外表的服裝儀容不僅是禮貌和修飾，更有一點是値得注意的，倘若你上了講台，或者講話講到一半，忽然發現自己服裝有不妥之處，例如：鈕子沒扣、領帶歪了等等，容易緊張的人，馬上就不安起來，他會多心地認爲聽衆正在竊笑，也許也有聽衆發現而正在覺得有趣。如此，演講者因爲不安而開始言語出錯，演講就在匆匆之下草草結束，經驗老到的演說家當然有辦法找台階下，克服困境，但是服裝儀容的注意，依然是演講前的重點，尤其對一個初次上台者而言，小小差錯都會影響他的自信心。

影響演講的成功與失敗，服裝是不容忽視的問題。上台時，讓自己任何部分都充滿自信與肯定，不但可避免出醜、尷尬的場面，更能充分地發揮主題的內容。

133.慌張時，雙手用力握緊

在衆人面前講話，因爲緊張產生許多小動作。有的人張大眼睛環視會場四周，或是板動十指關節吱嗝吱嗝地響，令旁觀者或聽衆以爲他非常緊張、害怕。其實有些小動作眞是不怎麼雅觀，對演講會產生不好的影響。態度不夠坦然，演講怎麼會順利？

預防不雅觀的小動作，可以將雙手交握在腹前，像一位引喉高歌的演唱家，或是把雙手輕輕置放在講桌上，用力壓住雙腿也是一種辦法。將力量集中在固定一點、意志力不分散，則眼睛就不會亂飄、視綫不定，或者毫無意識地板動手指，話就比較容易出口，觀（聽）衆就能進入你的演講中。

演講時，除了內容有吸引聽衆的主題之外，音量、音調等都可以增加演講效果，適當的手勢表情，更有畫龍點睛之妙，但是不適當或不雅觀的小舉動，就像過火的演員，那是畫蛇添足而非畫龍點睛了。

134.找一個適合自己的消除緊張法

幾乎所有的人在上台演講時都會緊張，更甚者面前站著超過三個人他就手心冒汗、雙脚顫抖不停。心理學家告訴我們許多解除演講緊張的方法，首先你要有一個觀念，那就是每個人跟你一樣都會緊張。

當你知道自己正在緊張發慌時，你會想到心理學家提供的那些方法，但是你如何使自己鎮定下來呢？有的人利用短暫的停頓、深呼吸三次，以緩和自己緊張的心跳。深呼吸是最簡單快速的鎮定方法，我並非心理學家，在此也不是要重覆一些消除緊張的妙方，但是我相信讀者們也跟我一樣，覺得深呼吸三次是奇妙的。

我的一位好朋友是位棒球投手，在他成名以前有一段故事，也許沒人知道。當時他的實力很好，可是他一上場就會緊張，見到那麼多吶喊的觀衆，他呼吸急促，不能鎮定，結果表現都不理想。他非常沮喪，不想打球了，但是有一次他喝酒上場比賽，却意外地發現，自己不再緊張，手不再抖，觀衆的吶喊也成爲一種鼓勵，結果他的表現十分好，完全封鎖了對方的攻擊，這場球賽讓他十分風光。

他利用喝酒代替深呼吸，你是否也該替自己找尋一個適當的消除緊張方法呢？

135. 演講時，切勿搔首摸髮

有一些人講話時喜歡摸東摸西，一下扯扯領帶，一下子又撥撥髮梢，甚至於在講到得意處，像小孩子般手捲著頭髮不放，讀者是否注意到自己也犯了這個有趣的毛病呢？當你看到演講者如此時，心裡又做何感想呢？

電視台的演藝人員、經常演講的名人或是舞台經驗豐富的歌唱家，絕不會有邊講（或邊唱）邊摸頭髮的舉動。一個充滿自信的應徵者，見到老闆也不會覺得自卑、驚慌失措。在公開的場合，無意識地摸、扯頭髮，容易給對方不良的印象，舉止輕浮，言談更不會獲得共鳴。一位傳播界的前輩，在她「傳播生涯二十年」裡提到：「在開場前，我利用充裕的時間讀今天要講的稿，整理服裝儀容、上洗手間等，做好一切的準備，然後從容地等待攝影師。因為當導演的一聲「開麥拉」之後，我必須完全融入我的工作中。」

充分地準備、自我肯定的信心，是演講者必須具備的自我要求。有了從容的態度之後，必能消除無意識的搔首摸髮舉動了。

——在衆人面前演講時

使用「我們」代替「你們」，以引起共鳴。

做個鎮定的深呼吸。

機智的要點

致辭最好在三分鐘內講完。

演講時，切勿搔首摸髮。

136. 適當的停頓，切勿支吾不清

我有一些在出版界或廣播界的朋友，這些人講話的共通點就是有條不紊、娓娓道來，並且充滿知性與感性，非常吸引人。但是這些朋友當中却有一位講話速度太快，好像射擊中的機關槍，掃射得聽衆頭冒金星，丈二金剛摸不著他說什麼，還有一位總是在講話中「這個……那個……這個……」，令人不耐煩，他自己也很懊惱。

會議上，某課長做月績報告，講話斷斷續續，又時常「這個……那個……」，令所有與會者心急，感到煩燥不安。馬上就有耐不住的人說：「你到底在講那一點？」「結論是什麼呢？」全都是問號，眞被他搞迷糊了。

演講或面對多數人講話，口齒淸晰之外，適當的停頓語也是有助益的，但是支支吾吾的「這個……那個……」顯得文句不通順，甚至辭不達意，令聽者產生不快煩躁的心情。適當的停頓，可以再創聽者的另一個高潮。

137.演講時，眼睛注視聽衆

古來有一句話說：「會說話的眼睛。」它除了表示讚美眼睛的大而迷人外，也包含有「眼睛是會說話的」意思。在口頭傳播學上提到「視線接觸」（Eye Contect），它是演講者身體語言的四大要素之一。

一位著名的演說家，聽衆有幾百幾千人，甚至萬人也好，演說者在聽衆席上的左邊、右邊以及中間位子，各選定一位專心聽講的聽衆，演說過程中，目光從左而中而右，或從右而中而左，輪流注視這三位聽衆，這樣，就等於整個目光在全場做了整體的注視。」這是成功演說家的小秘訣。

與少數人講話時，眼睛若只盯著某一個人講，常常令其他幾位沒有參與感，甚至覺得受輕視。不論是兩三知心交談，或者面試、演講，視線接觸是非常重要的，使對方或每個聽衆都覺得受到尊重，則自己也會受到同樣的尊重，甚至有意外的收穫呢！

138. 讓他在會議開始的五分鐘發言

會議上或團體討論的場合，時常會發現有些人從來不開口發言，叫他表示意見，他就是盲目附合。這些人是天生沉默寡言還是不合群逃避團體行動?眞令主席傷透腦筋。

只要你花點心思觀察，會發現這些在開會討論場合不愛講話的人，有些固然是沉默不語型的，但是部分則有其他因素，或許口吃、不大會說話、容易緊張，甚至有些人是因爲自卑，認爲沒有人會聽他的建議。開會對他們而言已經有壓迫感了，何況要他站起來發言，身爲主持會議者，又如何能聽到所有與會者的報告或建議呢?

對於這些開會時沉默的人，除了個別了解問題，幫助他解決難題之外，還有一個訓練的好方法。那就是在會議一開始，前五分鐘讓他站起來發言，會議剛開始，沒有嚴肅、火爆的氣氛，他可以輕鬆地報告，而且由於他是首先起來發言者，掌聲必也相當多，不愛講話的都講過了，接下來討論相信更熱烈了。

139. 演講時要縮短講者和聽者的心理距離

影壇巨星卓別林，在他的「獨裁者」一片中，對希特勒做了幽默式的諷刺。電影中有一場希特勒演講的場面：聽衆黑壓壓一片，非常多，希特勒站在講桌前，興奮、激動地揮舞著、講著，他愈講愈激烈，一步一步地往前，終於一不小心連麥克風都被撞倒掉在地上。其實希特勒本人就是如此，他不了解外表上的距離雖然近了，但是心理上，聽衆永遠也不願意與他親近，距離根本無法消除。

辯論賽上要先發制人，因爲它是一個比賽性質，每個人都是一步一步逼進對方的弱點。但是演說者却不能如此，演說者要一步一步進入聽衆的心理，一步一步讓聽衆拆掉防城之牆，進入你演說的主題內，縮短彼此眞正的「心理距離」。我們常常可見演講時，台上的人在講，台下的人也三五一堆地在討論，根本沒有融爲一體。一步一步地接近聽衆，並且進而進入他們的心理，場面才能化冷淡爲熱烈。

當然不是要如希特勒般地「勇往直前」，甚至對著台下吼叫，而是用你的身體動作親近聽衆，用你的語言打入聽衆心中。

140. 在衆人面前講話，要站在彼此視線内的位置

昔日電視還未普遍時，收音機裡有「相聲」的節目。當時這個節目受到一些學者專家的批評，他們認爲「相聲」是講的人與聽的人面對面的藝術活動，擺在收音機裡，誰也見不到誰，聽衆看不到說話者的表情舉動，說者也不能了解聽者的表情反應，甚至不知所云，興趣大大地降低。

這些學者專家的說法雖有所偏頗，但是也不無道理。相同地，當我們對著許多人講話，却看不到聽衆，聽衆也看不到我，那可眞不好，雙方都覺得彆扭極了。這種情形在婚禮的致詞上最常見到，被邀請起來致詞的人，總是突兀地在席中出現，有一半人是背對著他，他講什麼，恐怕這一半人也沒興趣聽了。

在多數人面前講話時，應該使所有聽衆都能看到你，並且演講者本身也能注視到全部聽衆，如此，互相覺得有安全感與親切感。由此可見，選舉期間，候選人在宣傳車上設置一個半高的講桌，是有它的作用。

141.三分鐘演講術

林語堂先生說：「演講要如女孩子的裙子，愈短愈好。」這句話說明某些場合，簡短的演講才受歡迎。在結婚典禮、畢業典禮，或是宴會致詞上，致詞者長篇大論，口沫橫飛，就是不懂得這句話的幽默。

愈短愈好，到底短到什麼程度最恰當呢？太短，二、三句就結束了，聽衆根本不知道你在說什麼，裙子太短了，不但喪失美感，更令人有「不忍睹」之慨。要短得恰如其分，就必須要靠講者的機智、臨場反應與技巧的運用。我認爲三分鐘最恰當。

三分鐘，感覺起來似乎太短，但是一個有主題的內容，有技巧的演說者，三分鐘是綽綽有餘了。我們可以從公共電話三分鐘的設計得知，三分鐘不但省時、省錢，更有警惕督促的效用。

142.調整講話的速度

不習慣在多人面前講話的人，致詞演講時，總想趕快結束，於是不知不覺間說話速度變快，像急著把一篇稿子唸完一般。有些人講到激動處，更是嘩啦嘩啦流水般，沒顧到聽衆是否用心聽。

講話速度太快，容易造成聽者不明瞭或聽不懂的情形，自己也因爲愈講愈快，而變得緊張，結果又擔心聽衆的反應，不知不覺地反覆重述某一點，直搞得自己與聽衆皆莫名其妙。有句話說：「說話快，表示腦子轉得快。」其實不然，在多人面前講話速度過快，是有百害而無一益。

致詞時，有條理地、清楚地講，聲音明朗，速度有致，聽者覺得是吸收與享受。過快的速度反而不能加速結論，只會造成自己的緊張與聽衆的混亂。

143. 用具體經驗引出聽衆的興趣

「一位有名的教授，說到一個他自己的經歷，他說有一次參加聚會，現場有位成功的企業家，對著自己的職員講話。」這是非常吸引人的開場白，因爲，此演說者用了自己的經驗，而且這個經驗也是另一位教授的經驗，利用自己親身經歷有所感觸的話，可以增加聽衆的興趣。

事實上，在我的記憶中，有一位企業家，在對屬下訓話時，總是嚴肅地，並且講的盡是抽象的名詞，或者聽者無法明瞭的專有名詞。每次聽這位大老闆講話，公司職員大部分認爲他是倚老賣老，或者根本聽不懂。演講時，對聽衆要有適當的了解與認識，應該準備適合聽衆的資料，否則即使講得頭頭是道，聽者聽不懂或沒興趣又有何用呢？深入淺出的演講，加上適度的幽默感，可增加演說效果。

為了引起聽者的興趣，吸引他們的注意力，選擇聽衆有興趣的話題，利用親身的經驗，讓聽者有身歷其境與你一同參加的感覺。

144. 用「我們」代替「你們」

學校選舉學生代表的時期，我經常在學校的各個角落，大樹下、福利社門口、交誼廳……等等，看到候選學生在演說。這種學生型的演說，給我印象最深刻的是，一套獨特的說詞，他們總是雙手高舉，吶喊著：「讓我們共同邁進！」或「讓咱們一起……」，這種「咱們」、「我們」等說法，常常把台前聽著的學生，情緒提到最高潮，氣氛提到最激昂。

年輕的學生熱情又講義氣，「我們」、「咱們」等說詞，讓所有人聽起來產生一體感。覺得大夥在一起可以有難同當、有福同享。「我們這一次的活動，是為了所有青年舉辦的，伙伴們，讓我們一起來學習……」一遍又一遍地講著「我們」，逐步地引起聽衆的共鳴。

會議上

眼睛環視全體，從容不迫地講。

別人的發言，要從頭到尾聽完。

機智的要點

意見對立時，要謹慎斟酌用語。

不要一個人長篇大論說個沒完。

在演說時，用「我們」代替「你們」，可以化生疏爲親切：說到苦處，有同舟共濟的情緒；說到樂處，有一同分享的喜悅。聽衆是需要引導，才能與演說者融爲一體。

145. 用「問答型」引出聽衆的興趣

在我演說時，最苦惱的是聽者不能融入講話的氣氛中，於是我從經驗中找到一個方法，那就是用「問答型」，重新抓住聽衆飄浮的眼睛，以及飛到窗外的心靈。

舉個例子，有一次我在親子教育中心對許多母親演講，講了三分之一的內容後，就向她們說：「我提出一些問題，請各位思考之後回答我。第一點是對早晨起來做早餐的看法，第二點是與家裡孩子的溝通。」結果這次演講有如研討會，聽衆與我一起思考討論教育兒童問題，突破無形的藩籬，她們並非來聽刻板的演講說教。

在演講中留下謎題似的話題，把聽衆的心牢牢地扣住在主題中。製造問題，讓聽衆在心中自問自答，並且專心地等待接續的內容。讓聽者與講者一起製造氣氛，融爲一體。

146. 講話時要用鎮定的語調

電信局的職員，都是非常有耐心，並且鎮定的，尤其是一一〇、一一九服務人員更是如此。「好的好的，地點在那兒。請不要慌，慢慢地講，我們馬上就到了。」沉穩的語調，安撫緊張的民衆，即使電話那端因爲慌亂而口不擇言，依然穩若泰山。

當接聽的人用緊張快速的聲音，打電話的人一方面除了聽不清楚之外，也容易跟著緊張。也許因爲如此而講錯、聽錯地點，就誤救援。慌張失措的人，講話可能支吾不清，或者因爲恐懼而不知所云，如何讓他們冷靜下來，告訴你他們要講的話？首先，聽者要保持鎮定，用緩和的語調詢問，讓他漸漸恢復理智情緒。

演說時，聲音的配合包括有：音量、音質、音調與音速的變化。音質雖然是天生，也可能因爲後天的努力而有所改進，在其他三方面自然的表現，聽衆像聽優美的音樂，不徐不緩，不卑不亢，有如正在享受舒服的精神饗宴。

147. 適當地自我幽默

日本前首相田中角榮，到目前仍受到許多民衆的好評懷念，根據田中首相自己說，每次演說時或面對衆人講話時，氣氛過於拘束，聽者一動也不敢動，於是他就糗糗自己：「我買部電視給我的小孫子，隔天報紙就說我貪污……」，「我母親打我的小手……」適可而止的幽自己一默，聽者在笑聲中氣氛自然輕鬆。

面對著「大人物」，聽者因爲心生敬畏，總是必恭必敬地坐著，我想你如果用「問答型」，說不定聽衆也是一板一眼地回答。那麼不妨用親近的語句表示友好，用平凡的事說明自己與聽衆一樣平等，或者要求與聽衆們一起輕鬆地交換意見吧！我們時常在見到仰慕已久的大人物時，發現他們講話親切，態度和藹可親，便想和他們接近，而且是愉快無比的。

將自己降爲平常人，褪下被包裝的面具，把聽衆提昇至與你一起的地位，偶爾開開自己玩笑，詼諧的幽默一番，那麼現場氣氛就會緩和融洽多了，適度地糗糗自己又何妨呢？

148.讓我們換個話題吧

演講在選擇題材時，首先要了解聽衆，也就是分析聽衆。聽衆對主題了解的程度？興趣的程度……等等，是否該換主題？這是事前的準備工作。但是如果說到半途才發現聽衆不能接受，那該怎麼辦呢？演講或面對面交談，最完美的境地是雙向溝通，果眞碰到這種情形，那麼輕鬆地講一句：「讓我們換個話題聊聊吧！」

我因爲時常被邀請去演講，而且需要站在講台前上課，因此非常留意現場聽衆或學生的反應氣氛。尤其上課是雙向進行，如果只有我站在台上單向奔馳，台下不是頻頻點頭打瞌睡，就是竊竊私語，內容縱使再吸引人，也是表達不生動，如此，獨角戲唱起來可眞無聊。原因多半是選擇的題材學生興趣缺缺，再不就是準備的資料太艱深等。

某位知名的電台主持人曾說：「巧妙地改變話題，摒棄會令聽衆覺得無聊的內容。」演講時如此，二個人交談也是如此。當坐在對面的朋友開始打哈欠、表情冷淡、沉默不語時，那麼就該考慮換個話題，聊點其他的了！

149. 不要獨佔所有時間

會議上，有一種人經常：「依我看，這個應該……」，「我認爲，這樣做……」滔滔不絕地自吹自擂。這種「表現狂」者的意見經常遭到反駁，因爲會議是商量及共同研究事情的場所，獨斷的意見應該避免。

從前我參加過一個委員會，某次開會決定一項討論很久的提案，其中有一位委員，首先站起來發言，結果一小時的會議，他個人獨佔了四十分鐘，其他委員只好無可奈何地利用剩餘的二十分鐘做報告。開會結束之後，主席委員終於生氣地解除他的委員資格。參加會議，切勿一個人覇佔大半時間，即使自己有許多建議，也要重點提出，否則可以引用其他與會的人講過的意見，比如「第二個方案陳委員剛才已經提過……」，「我的看法和張委員雷同，不過我更要強調第三點……」等等，不但可以節省時間，也可以表示自己用心參與會議。

會議上，考慮其他人也要發言，自己不要佔用太多時間，沒有必要重覆或提出的話語應該省略，多多引用其他人的話做爲自己的註脚支持。

150.累積經驗，自我實踐

說話是一門大學問，說話的藝術技巧也一直被討論著。在如今人與人溝通愈來愈難的時代裡，我們更需要追求自我的人際關係訓練。我將個人的經歷、感受提出，供讀者做參考。但是以上提到的種種，都需要讀者自己吸收消化，並且督促自己，在實際生活中體會應用。

沒有人天生就是利嘴、大演說家。但是要提醒一點就是：「不要害怕失敗，失敗的經驗累積就是實踐。」

倘若覺得自己講話時有許多毛病，遇到說話的場合更是躊躇不前，那麼鞭策自己，多多學習和克服。逃避是消極的做法，你永遠也無法進步，告訴自己：「我能，只要我嚐試！」

筆者小時候，是一個害羞、不愛講話的小男生，碰到生人更是緊閉嘴唇，低頭不語。

誰也沒想到後來我竟然當起老師，而且還到各地去演講，這當中，我不斷地自我勉勵、自我要求。雖然我現在站在台上仍難免會緊張，但是我還是一直努力，努力克服那些想要擊倒我的障礙。

大展出版社有限公司　圖書目錄

地址：台北市北投區11204　致遠一路二段12巷1號
電話：(02)8236031　8236033
郵撥：0166955～1
傳眞：(02)8272069

・法律專欄連載・電腦編號58

台大法學院　法律學系／策劃　法律服務社／編著

①別讓您的權利睡著了1	200元
②別讓您的權利睡著了2	200元

・秘傳占卜系列・電腦編號14

①手相術	淺野八郎著	150元
②人相術	淺野八郎著	150元
③西洋占星術	淺野八郎著	150元
④中國神奇占卜	淺野八郎著	150元
⑤夢判斷	淺野八郎著	150元
⑥前世、來世占卜	淺野八郎著	150元
⑦法國式血型學	淺野八郎著	150元
⑧靈感、符咒學	淺野八郎著	150元
⑨紙牌占卜學	淺野八郎著	150元
⑩ＥＳＰ超能力占卜	淺野八郎著	150元
⑪猶太數的秘術	淺野八郎著	150元
⑫新心理測驗	淺野八郎著	160元
⑬塔羅牌預言秘法	淺野八郎著	元

・趣味心理講座・電腦編號15

①性格測驗１	探索男與女	淺野八郎著	140元
②性格測驗２	透視人心奥秘	淺野八郎著	140元
③性格測驗３	發現陌生的自己	淺野八郎著	140元
④性格測驗４	發現你的真面目	淺野八郎著	140元
⑤性格測驗５	讓你們吃驚	淺野八郎著	140元
⑥性格測驗６	洞穿心理盲點	淺野八郎著	140元
⑦性格測驗７	探索對方心理	淺野八郎著	140元
⑧性格測驗８	由吃認識自己	淺野八郎著	140元

⑨性格測驗9	戀愛知多少	淺野八郎著	160元
⑩性格測驗10	由裝扮瞭解人心	淺野八郎著	140元
⑪性格測驗11	敲開內心玄機	淺野八郎著	140元
⑫性格測驗12	透視你的未來	淺野八郎著	140元
⑬血型與你的一生		淺野八郎著	160元
⑭趣味推理遊戲		淺野八郎著	160元
⑮行爲語言解析		淺野八郎著	160元

•婦 幼 天 地• 電腦編號16

①八萬人減肥成果	黃靜香譯	180元
②三分鐘減肥體操	楊鴻儒譯	150元
③窈窕淑女美髮秘訣	柯素娥譯	130元
④使妳更迷人	成　玉譯	130元
⑤女性的更年期	官舒妍編譯	160元
⑥胎內育兒法	李玉瓊編譯	150元
⑦早產兒袋鼠式護理	唐岱蘭譯	200元
⑧初次懷孕與生產	婦幼天地編譯組	180元
⑨初次育兒12個月	婦幼天地編譯組	180元
⑩斷乳食與幼兒食	婦幼天地編譯組	180元
⑪培養幼兒能力與性向	婦幼天地編譯組	180元
⑫培養幼兒創造力的玩具與遊戲	婦幼天地編譯組	180元
⑬幼兒的症狀與疾病	婦幼天地編譯組	180元
⑭腿部苗條健美法	婦幼天地編譯組	180元
⑮女性腰痛別忽視	婦幼天地編譯組	150元
⑯舒展身心體操術	李玉瓊編譯	130元
⑰三分鐘臉部體操	趙薇妮著	160元
⑱生動的笑容表情術	趙薇妮著	160元
⑲心曠神怡減肥法	川津祐介著	130元
⑳內衣使妳更美麗	陳玄茹譯	130元
㉑瑜伽美姿美容	黃靜香編著	150元
㉒高雅女性裝扮學	陳珮玲譯	180元
㉓蠶糞肌膚美顏法	坂梨秀子著	160元
㉔認識妳的身體	李玉瓊譯	160元
㉕產後恢復苗條體態	居理安・芙萊喬著	200元
㉖正確護髮美容法	山崎伊久江著	180元
㉗安琪拉美姿養生學	安琪拉蘭斯博瑞著	180元
㉘女體性醫學剖析	增田豐著	220元
㉙懷孕與生產剖析	岡部綾子著	180元
㉚斷奶後的健康育兒	東城百合子著	220元
㉛引出孩子幹勁的責罵藝術	多湖輝著	170元

㉜培養孩子獨立的藝術	多湖輝著	170元
㉝子宮肌瘤與卵巢囊腫	陳秀琳編著	180元
㉞下半身減肥法	納他夏・史達賓著	180元
㉟女性自然美容法	吳雅菁編著	180元
㊱再也不發胖	池園悅太郎著	170元
㊲生男生女控制術	中垣勝裕著	220元
㊳使妳的肌膚更亮麗	楊　皓編著	170元
㊴臉部輪廓變美	芝崎義夫著	180元
㊵斑點、皺紋自己治療	高須克彌著	180元
㊶面皰自己治療	伊藤雄康著	180元
㊷隨心所欲瘦身冥想法	原久子著	180元
㊸胎兒革命	鈴木丈織著	元

・青 春 天 地・電腦編號 17

①A血型與星座	柯素娥編譯	120元
②B血型與星座	柯素娥編譯	120元
③O血型與星座	柯素娥編譯	120元
④AB血型與星座	柯素娥編譯	120元
⑤青春期性教室	呂貴嵐編譯	130元
⑥事半功倍讀書法	王毅希編譯	150元
⑦難解數學破題	宋釗宜編譯	130元
⑧速算解題技巧	宋釗宜編譯	130元
⑨小論文寫作秘訣	林顯茂編譯	120元
⑪中學生野外遊戲	熊谷康編著	120元
⑫恐怖極短篇	柯素娥編譯	130元
⑬恐怖夜話	小毛驢編譯	130元
⑭恐怖幽默短篇	小毛驢編譯	120元
⑮黑色幽默短篇	小毛驢編譯	120元
⑯靈異怪談	小毛驢編譯	130元
⑰錯覺遊戲	小毛驢編譯	130元
⑱整人遊戲	小毛驢編著	150元
⑲有趣的超常識	柯素娥編譯	130元
⑳哦！原來如此	林慶旺編譯	130元
㉑趣味競賽100種	劉名揚編譯	120元
㉒數學謎題入門	宋釗宜編譯	150元
㉓數學謎題解析	宋釗宜編譯	150元
㉔透視男女心理	林慶旺編譯	120元
㉕少女情懷的自白	李桂蘭編譯	120元
㉖由兄弟姊妹看命運	李玉瓊編譯	130元
㉗趣味的科學魔術	林慶旺編譯	150元

㉘趣味的心理實驗室	李燕玲編譯	150元
㉙愛與性心理測驗	小毛驢編譯	130元
㉚刑案推理解謎	小毛驢編譯	130元
㉛偵探常識推理	小毛驢編譯	130元
㉜偵探常識解謎	小毛驢編譯	130元
㉝偵探推理遊戲	小毛驢編譯	130元
㉞趣味的超魔術	廖玉山編著	150元
㉟趣味的珍奇發明	柯素娥編著	150元
㊱登山用具與技巧	陳瑞菊編著	150元

・健康天地・電腦編號18

①壓力的預防與治療	柯素娥編譯	130元
②超科學氣的魔力	柯素娥編譯	130元
③尿療法治病的神奇	中尾良一著	130元
④鐵證如山的尿療法奇蹟	廖玉山譯	120元
⑤一日斷食健康法	葉慈容編譯	150元
⑥胃部強健法	陳炳崑譯	120元
⑦癌症早期檢查法	廖松濤譯	160元
⑧老人痴呆症防止法	柯素娥編譯	130元
⑨松葉汁健康飲料	陳麗芬編譯	130元
⑩揉肚臍健康法	永井秋夫著	150元
⑪過勞死、猝死的預防	卓秀貞編譯	130元
⑫高血壓治療與飲食	藤山順豐著	150元
⑬老人看護指南	柯素娥編譯	150元
⑭美容外科淺談	楊啟宏著	150元
⑮美容外科新境界	楊啟宏著	150元
⑯鹽是天然的醫生	西英司郎著	140元
⑰年輕十歲不是夢	梁瑞麟譯	200元
⑱茶料理治百病	桑野和民著	180元
⑲綠茶治病寶典	桑野和民著	150元
⑳杜仲茶養顏減肥法	西田博著	150元
㉑蜂膠驚人療效	瀨長良三郎著	150元
㉒蜂膠治百病	瀨長良三郎著	180元
㉓醫藥與生活	鄭炳全著	180元
㉔鈣長生寶典	落合敏著	180元
㉕大蒜長生寶典	木下繁太郎著	160元
㉖居家自我健康檢查	石川恭三著	160元
㉗永恒的健康人生	李秀鈴譯	200元
㉘大豆卵磷脂長生寶典	劉雪卿譯	150元
㉙芳香療法	梁艾琳譯	160元

㉚醋長生寶典	柯素娥譯	180元
㉛從星座透視健康	席拉・吉蒂斯著	180元
㉜愉悅自在保健學	野本二士夫著	160元
㉝裸睡健康法	丸山淳士等著	160元
㉞糖尿病預防與治療	藤田順豐著	180元
㉟維他命長生寶典	菅原明子著	180元
㊱維他命C新效果	鐘文訓編	150元
㊲手、腳病理按摩	堤芳朗著	160元
㊳AIDS瞭解與預防	彼得塔歇爾著	180元
㊴甲殼質殼聚糖健康法	沈永嘉譯	160元
㊵神經痛預防與治療	木下眞男著	160元
㊶室內身體鍛鍊法	陳炳崑編著	160元
㊷吃出健康藥膳	劉大器編著	180元
㊸自我指壓術	蘇燕謀編著	160元
㊹紅蘿蔔汁斷食療法	李玉瓊編著	150元
㊺洗心術健康秘法	竺翠萍編譯	170元
㊻枇杷葉健康療法	柯素娥編譯	180元
㊼抗衰血癒	楊啟宏著	180元
㊽與癌搏鬥記	逸見政孝著	180元
㊾冬蟲夏草長生寶典	高橋義博著	170元
㊿痔瘡・大腸疾病先端療法	宮島伸宜著	180元
51膠布治癒頑固慢性病	加瀨建造著	180元
52芝麻神奇健康法	小林貞作著	170元
53香煙能防止癡呆?	高田明和著	180元
54穀菜食治癌療法	佐藤成志著	180元
55貼藥健康法	松原英多著	180元
56克服癌症調和道呼吸法	帶津良一著	180元
57B型肝炎預防與治療	野村喜重郎著	180元
58青春永駐養生導引術	早島正雄著	180元
59改變呼吸法創造健康	原久子著	180元
60荷爾蒙平衡養生秘訣	出村博著	180元
61水美肌健康法	井戶勝富著	170元
62認識食物掌握健康	廖梅珠編著	170元
63痛風劇痛消除法	鈴木吉彥著	180元
64酸莖菌驚人療效	上田明彥著	180元
65大豆卵磷脂治現代病	神津健一著	200元
66時辰療法——危險時刻凌晨4時	呂建強等著	180元
67自然治癒力提升法	帶津良一著	180元
68巧妙的氣保健法	藤平墨子著	180元
69治癒C型肝炎	熊田博光著	180元
70肝臟病預防與治療	劉名揚編著	180元

⑦腰痛平衡療法	荒井政信著	180元
⑫根治多汗症、狐臭	稻葉益巳著	220元
⑬40歲以後的骨質疏鬆症	沈永嘉譯	180元
⑭認識中藥	松下一成著	180元
⑮氣的科學	佐佐木茂美著	180元

・實用女性學講座・電腦編號 19

①解讀女性內心世界	島田一男著	150元
②塑造成熟的女性	島田一男著	150元
③女性整體裝扮學	黃靜香編著	180元
④女性應對禮儀	黃靜香編著	180元
⑤女性婚前必修	小野十傳著	200元
⑥徹底瞭解女人	田口二州著	180元
⑦拆穿女性謊言88招	島田一男著	200元

・校 園 系 列・電腦編號 20

①讀書集中術	多湖輝著	150元
②應考的訣竅	多湖輝著	150元
③輕鬆讀書贏得聯考	多湖輝著	150元
④讀書記憶秘訣	多湖輝著	150元
⑤視力恢復！超速讀術	江錦雲譯	180元
⑥讀書36計	黃柏松編著	180元
⑦驚人的速讀術	鐘文訓編著	170元
⑧學生課業輔導良方	多湖輝著	180元
⑨超速讀超記憶法	廖松濤編著	180元
⑩速算解題技巧	宋釗宜編著	200元

・實用心理學講座・電腦編號 21

①拆穿欺騙伎倆	多湖輝著	140元
②創造好構想	多湖輝著	140元
③面對面心理術	多湖輝著	160元
④偽裝心理術	多湖輝著	140元
⑤透視人性弱點	多湖輝著	140元
⑥自我表現術	多湖輝著	180元
⑦不可思議的人性心理	多湖輝著	150元
⑧催眠術入門	多湖輝著	150元
⑨責罵部屬的藝術	多湖輝著	150元
⑩精神力	多湖輝著	150元

⑪厚黑說服術	多湖輝著	150元
⑫集中力	多湖輝著	150元
⑬構想力	多湖輝著	150元
⑭深層心理術	多湖輝著	160元
⑮深層語言術	多湖輝著	160元
⑯深層說服術	多湖輝著	180元
⑰掌握潛在心理	多湖輝著	160元
⑱洞悉心理陷阱	多湖輝著	180元
⑲解讀金錢心理	多湖輝著	180元
⑳拆穿語言圈套	多湖輝著	180元
㉑語言的內心玄機	多湖輝著	180元

•超現實心理講座•電腦編號22

①超意識覺醒法	詹蔚芬編譯	130元
②護摩秘法與人生	劉名揚編譯	130元
③秘法！超級仙術入門	陸　明譯	150元
④給地球人的訊息	柯素娥編著	150元
⑤密教的神通力	劉名揚編著	130元
⑥神秘奇妙的世界	平川陽一著	180元
⑦地球文明的超革命	吳秋嬌譯	200元
⑧力量石的秘密	吳秋嬌譯	180元
⑨超能力的靈異世界	馬小莉譯	200元
⑩逃離地球毀滅的命運	吳秋嬌譯	200元
⑪宇宙與地球終結之謎	南山宏著	200元
⑫驚世奇功揭秘	傅起鳳著	200元
⑬啟發身心潛力心象訓練法	栗田昌裕著	180元
⑭仙道術遁甲法	高藤聰一郎著	220元
⑮神通力的秘密	中岡俊哉著	180元
⑯仙人成仙術	高藤聰一郎著	200元
⑰仙道符咒氣功法	高藤聰一郎著	220元
⑱仙道風水術尋龍法	高藤聰一郎著	200元
⑲仙道奇蹟超幻像	高藤聰一郎著	200元
⑳仙道鍊金術房中法	高藤聰一郎著	200元
㉑奇蹟超醫療治癒難病	深野一幸著	220元
㉒揭開月球的神秘力量	超科學研究會	180元
㉓西藏密教奧義	高藤聰一郎著	250元

•養生保健•電腦編號23

①醫療養生氣功	黃孝寬著	250元

②中國氣功圖譜	余功保著	230元
③少林醫療氣功精粹	井玉蘭著	250元
④龍形實用氣功	吳大才等著	220元
⑤魚戲增視強身氣功	宮　嬰著	220元
⑥嚴新氣功	前新培金著	250元
⑦道家玄牝氣功	張　章著	200元
⑧仙家秘傳袪病功	李遠國著	160元
⑨少林十大健身功	秦慶豐著	180元
⑩中國自控氣功	張明武著	250元
⑪醫療防癌氣功	黃孝寬著	250元
⑫醫療強身氣功	黃孝寬著	250元
⑬醫療點穴氣功	黃孝寬著	250元
⑭中國八卦如意功	趙維漢著	180元
⑮正宗馬禮堂養氣功	馬禮堂著	420元
⑯秘傳道家筋經內丹功	王慶餘著	280元
⑰三元開慧功	辛桂林著	250元
⑱防癌治癌新氣功	郭　林著	180元
⑲禪定與佛家氣功修煉	劉天君著	200元
⑳顛倒之術	梅自強著	360元
㉑簡明氣功辭典	吳家駿編	360元
㉒八卦三合功	張全亮著	230元

• 社會人智囊 • 電腦編號 24

①糾紛談判術	清水增三著	160元
②創造關鍵術	淺野八郎著	150元
③觀人術	淺野八郎著	180元
④應急詭辯術	廖英迪編著	160元
⑤天才家學習術	木原武一著	160元
⑥猫型狗式鑑人術	淺野八郎著	180元
⑦逆轉運掌握術	淺野八郎著	180元
⑧人際圓融術	澀谷昌三著	160元
⑨解讀人心術	淺野八郎著	180元
⑩與上司水乳交融術	秋元隆司著	180元
⑪男女心態定律	小田晉著	180元
⑫幽默說話術	林振輝編著	200元
⑬人能信賴幾分	淺野八郎著	180元
⑭我一定能成功	李玉瓊譯	180元
⑮獻給青年的嘉言	陳蒼杰譯	180元
⑯知人、知面、知其心	林振輝編著	180元
⑰塑造堅強的個性	坂上肇著	180元

⑱爲自己而活	佐藤綾子著	180元
⑲未來十年與愉快生活有約	船井幸雄著	180元
⑳超級銷售話術	杜秀卿譯	180元
㉑感性培育術	黃靜香編著	180元
㉒公司新鮮人的禮儀規範	蔡媛惠譯	180元
㉓傑出職員鍛鍊術	佐佐木正著	180元
㉔面談獲勝戰略	李芳黛譯	180元
㉕金玉良言撼人心	森純大著	180元
㉖男女幽默趣典	劉華亭編著	180元
㉗機智說話術	劉華亭編著	180元
㉘心理諮商室	柯素娥譯	180元
㉙如何在公司頭角崢嶸	佐佐木正著	180元
㉚機智應對術	李玉瓊編著	200元

•精 選 系 列• 電腦編號 25

①毛澤東與鄧小平	渡邊利夫等著	280元
②中國大崩裂	江戶介雄著	180元
③台灣・亞洲奇蹟	上村幸治著	220元
④7-ELEVEN高盈收策略	國友隆一著	180元
⑤台灣獨立	森 詠著	200元
⑥迷失中國的末路	江戶雄介著	220元
⑦2000年5月全世界毀滅	紫藤甲子男著	180元
⑧失去鄧小平的中國	小島朋之著	220元

•運 動 遊 戲• 電腦編號 26

①雙人運動	李玉瓊譯	160元
②愉快的跳繩運動	廖玉山譯	180元
③運動會項目精選	王佑京譯	150元
④肋木運動	廖玉山譯	150元
⑤測力運動	王佑宗譯	150元

•休 閒 娛 樂• 電腦編號 27

①海水魚飼養法	田中智浩著	300元
②金魚飼養法	曾雪玫譯	250元
③熱門海水魚	毛利匡明著	元
④愛犬的教養與訓練	池田好雄著	250元

•銀髮族智慧學• 電腦編號 28

①銀髮六十樂逍遙	多湖輝著	170元
②人生六十反年輕	多湖輝著	170元
③六十歲的決斷	多湖輝著	170元

•飲 食 保 健• 電腦編號 29

①自己製作健康茶	大海淳著	220元
②好吃、具藥效茶料理	德永睦子著	220元
③改善慢性病健康藥草茶	吳秋嬌譯	200元
④藥酒與健康果菜汁	成玉編著	250元

•家庭醫學保健• 電腦編號 30

①女性醫學大全	雨森良彥著	380元
②初為人父育兒寶典	小瀧周曹著	220元
③性活力強健法	相建華著	200元
④30歲以上的懷孕與生產	李芳黛編著	220元
⑤舒適的女性更年期	野末悅子著	200元
⑥夫妻前戲的技巧	笠井寬司著	200元
⑦病理足穴按摩	金慧明著	220元
⑧爸爸的更年期	河野孝旺著	200元
⑨橡皮帶健康法	山田晶著	200元
⑩33天健美減肥	相建華等著	180元
⑪男性健美入門	孫玉祿編著	180元

•心 靈 雅 集• 電腦編號 00

①禪言佛語看人生	松濤弘道著	180元
②禪密教的奧秘	葉逯謙譯	120元
③觀音大法力	田口日勝著	120元
④觀音法力的大功德	田口日勝著	120元
⑤達摩禪106智慧	劉華亭編譯	220元
⑥有趣的佛教研究	葉逯謙編譯	170元
⑦夢的開運法	蕭京凌譯	130元
⑧禪學智慧	柯素娥編譯	130元
⑨女性佛教入門	許俐萍譯	110元
⑩佛像小百科	心靈雅集編譯組	130元
⑪佛教小百科趣談	心靈雅集編譯組	120元

國家圖書館出版品預行編目資料

機智說話術／劉華亭編著，一2版
一臺北市；大展，民86
面； 公分，一（社會人智囊；27）
ISBN 957-557-706-x（平裝）

1.修養 2. 口才

192.32 86004099

機智說話術

ISBN 957-557-706-X

編著者／劉 華 亭
發行人／蔡 森 明
出版者／大展出版社有限公司
社 址／台北市北投區（石牌）致遠一路二段12巷1號
電 話／(02) 8236031・8236033
傳 眞／(02) 8272069
郵政劃撥／0166955－1
登記證／局版臺業字第2171號
承印者／高星企業有限公司
裝 訂／日新裝訂所
排版者／千兵企業有限公司
電 話／(02) 8812643
初版1刷／1985年（民74年） 5月
2版1刷／1997年（民86年） 6月

定 價／180元